琳琅斋杂记

龙远宏的鉴赏之道

龙远宏——著

LINLANGZHAI ZAJI

广西师范大学出版社
·桂林·

图书在版编目（CIP）数据

琳琅斋杂记：龙远宏的鉴赏之道 / 龙远宏著. —桂林：广西师范大学出版社，2014.11
 ISBN 978-7-5495-5589-5

Ⅰ. ①琳… Ⅱ. ①龙… Ⅲ. ①收藏－中国－文集 Ⅳ. ①G894-53

中国版本图书馆 CIP 数据核字（2014）第 136737 号

广西师范大学出版社出版发行
（广西桂林市中华路 22 号　邮政编码：541001）
（网址：http://www.bbtpress.com）
出版人：何林夏
全国新华书店经销
桂林广大印务有限责任公司印刷
（广西桂林市临桂县金山路 168 号　邮政编码：541100）
开本：787 mm ×1 092 mm　1/16
印张：10.25　　字数：78 千字
2014 年 11 月第 1 版　　2014 年 11 月第 1 次印刷
定价：45.00 元

如发现印装质量问题，影响阅读，请与印刷厂联系调换。

序

龙远宏先生收藏爱好广泛，有名家字画、玉器、奇石等各类藏品近万件，十分丰富。"琳琅"一词最早见于《山海经》，本意是指两种玉石的名称，现比喻玉石之美和丰富的程度。他将其收藏室取名琳琅斋，藏品的确琳琅满目，称得上名副其实。"君子以玉交友，以友辅仁"，多年来他在琳琅斋结交朋友、鉴赏藏品、读书思考，感悟颇多。中国美协副主席黄格胜、中国艺术研究院美术研究所副所长陈绶祥、著名旅美画家谢天成都是他结交多年的好友，他们的思想和人品对他的影响很大。出于对他们的敬仰，以及对他们在事业上执着追求的钦佩，龙远宏先生专门写文称道。龙远宏先生不仅对藏品痴迷，对收藏文化也有很多独到的见解，其中有对玉文化的认识，有对中西收藏文化的对比，也有对收藏市场冷静的思考。这里需要指出的是：龙远宏先生是出于文化的需要而不是经济的需要进行收藏，他丰富的藏品也反映出其丰富的文化底蕴和对艺术的热爱。近年来，他写的十多篇文章在《收藏》、《收藏界》和《中国黄金珠宝》等有影响的国家级刊物发表。

人们推崇将事业、爱好的执着追求划分为"三境界"，即知之、好之、乐之。龙远宏先生在收藏界经过多年的磨炼，对收藏及文化的内涵有深入的认识和理解，其境界有了很大的提高。《琳琅斋杂记》是他多年来的用心之作，值得收藏界朋友一读。

李彦君

2011年3月1日于北京燕京书屋

①	②	③
④	⑤	⑥
⑦	⑧	⑨
⑩	⑪	

① 作者与画家黄格胜
② 作者与李彦君先生
③ 作者与鲁炜先生
④ 作者与邓纯东、彭鹏先生
⑤ 作者与画家谢天成
⑥ 作者与画家范曾
⑦ 作者与画家陈绶祥
⑧ 作者与篆刻家胡擎元
⑨ 作者与广西政协副主席蒋济雄
⑩ 作者与寿嘉华女士
⑪ 作者与潘琦先生

目录

2　漓江画派领军人——黄格胜

14　著名旅美画家谢天成

28　书画鉴定"解惑"难

36　古玩市场李鬼横行

42　金融危机下，钻石市场"吹面不寒"

52　我国古代玉饰文化的演变

68　和田玉疯狂炒作的冷思

80　翡翠——"缅甸身，中华魂"

90　东方翡翠融入西方文化

98　鸡血石——大自然的瑰宝

104　来自缅甸的"琳"——树化玉

112　脱颖而出的大化彩玉石

124　桂林鸡血玉甲天下

132　琳琅斋藏鸡血玉精粹

漓江画派领军人——黄格胜

黄格胜擅长中国书画，特别是山水画，是漓江画派的领军人物。其代表作《漓江百里图》蜚声海内外，出版有《漓江百里图》等个人画册、专著20部。《漓江百里图》是漓江画派的开山之作，曾被政府作为礼品赠送给美国前总统老布什和克林顿等外国政要。2006年6月，《漓江百里图》画册被美国国会图书馆收藏。黄格胜先后获"黄宾虹奖"以及广西文艺创作最高奖——"铜鼓奖"等重大奖项。其作品《老屋纪事》入选2001年"百年中国画展"。2005年，其作品《漓江烟雨》搭载"神六"遨游太空。2007年3月24日，黄格胜应邀登上"八桂讲坛"，主讲"广西文化系列"之"艺术与人生"。他还是第一个在美国国会图书馆演讲的中国美术家。黄格胜现任全国政协常委、致公党中央副主席、广西区政协副主席、广西艺术学院院长等。

情定山水画创作

黄格胜，壮族，1950年生于广西桂林。黄格胜自幼酷爱艺术，3岁时就开始在墙上涂鸦，整个小学阶段也一直是学校板报的负责人，但是他从来没有想过要当画家；稍大临摹连环画，惟妙惟肖，显示出不同寻常的绘画天赋和爱好。由于画画需要一定的知识储备，所以他努力地读书，拓展自己的知识面。买不到书，他就去借书读，并通宵把书上的内容抄下来。书抄了一本又一本，知识就这样不断地积累起来。与绘画结缘，似乎是与生俱来的事情。

1966年他初中毕业时（16岁）正值"文革"，父母被造反派打倒，他不能读高

黄格胜《漓江百里图》（局部）

中、大学，四次报考广西艺术学院都因为政审不过关没被录取。尽管如此，他还是没有放弃画画。那时，他一边打工一边画画，白天涂油漆、扛水泥等，晚上就睡在工地的帐篷或街头。基本生活都难以保障，他更加不敢奢望能拥有一支漂亮的画笔。在一次国画展中，一个老画家不小心将画笔的笔尖弄丢在地，强烈想拥有画笔的他立刻用脚趾头夹走了笔头。后来，他偷偷把笔头带回家，配上自制的竹制笔杆，就这样拥有了人生中的第一支画笔。艰苦的环境更加激发了他画画的热情，他每天都疯狂地画画，一年下来，画的数量不下一千幅。

1980年，广西艺术学院有史以来第一次招收研究生，作为桂北山区灌阳县电影院的美工，只有初中文凭的黄格胜好像吃了豹子胆，竟然鬼使神差地报考了黄独峰先生的研究生。黄格胜本来不抱任何希望，赴考也没有放在心上。没想到黄独峰先生偏偏不拘一格，录取了黄格胜这个未受过任何正规艺术训练的乡下人，而且出人意料地给出了全院最高分。后来黄格胜才知道，黄独峰先生的儿子跟父亲学画多年，居然连参加考试的机会也没得到。

考上研究生后，他跟导师朝夕相处，追随其左右。他疯狂地画画，每天除了吃饭睡觉，其余的时间都花在画画上，只要有一点点灵感就如痴如醉地画。他在两年的研究生学习期间，一共作了四千多幅画，平均一天画五张，用功之勤几乎可以用"拼

命"来形容。

大自然是黄格胜艺术创作的源泉。在与全国各地大山名川的比较中，他更加深刻地领悟到到桂林漓江的特色和秀美，找到了完全属于自己的、富于漓江山水诗韵的水墨符号语言，使自己的创作风格日臻完善。《漓江百里图》、《漓江百景图》就是在这一基础上水到渠成、脱颖而出的。《漓江百里图》、《漓江百景图》的面世，给当今中国画坛注入了鲜活的活力，很快声名远播。

《漓江百里图》别开生面

黄格胜创作于1985年的《漓江百里图》，是一幅洋洋洒洒两百米的长卷。它采用分段式手法突出表现了桂林的秀丽风光和风土人情，最后又通过漓江一天中的晨、昼、夜将其统一起来，突破了中国山水长卷的"四季"。漓江烟雨、渔家灯火、千峰碧透、浮山倒影等在作品中都被表现得淋漓尽致，既能独立成幅又贯通全卷，桂林山水的神韵跃然纸上，美不胜收。其用笔雄劲潇洒，讲究清新与朦胧相配，达到了"能卧游，可展赏"的艺术效果。

传统长卷的时空观是在长卷的展开中显示出四季的更替，这样的好处非常明显，就是能把季节变化下的四季美景集于一卷。黄格胜开始也打算采取这种表现方法，但后来他考虑到桂林地理位置偏南，属亚热带气候，漓江的四季变化并不显著。经过反复思量，他决定采用从朝至夜的方式来表现漓江景色一天中的变化。古今中外极少有画家描绘夜色下的大自然，道理很简单：夜幕之下大自然一片混沌，色与形都难以分辨。因此，夜景山水可谓黄格胜的一大创造，它朦胧、混沌但又并非漆黑一团，而是依稀隐约、深邃沉厚，给人以强烈的视觉冲击力和不寻常的审美感受。

《漓江百里图》气势恢弘、豪迈奔放，兼具清新疏朗、典雅婉丽，统一于雄迈清健之中，形成了一个丰富的综合体。画作完稿后在桂林展出时即引起轰动。一位美国女士花了37天时间千里迢迢从夏威夷坐帆船漂洋过海来到中国，她看到黄格胜的图画后对记者说，她到过30多个国家，看过无数个画展，没有哪一个画家的画像黄格胜的那么好，让她一看见就忘记了饥饿，难以用语言来表达，只想在画前舞蹈。她坚信黄格胜将来肯定能成为世界上最成功的画家，她为自己是第一个把黄格胜的画带到外国去的人而骄傲。

《漓江百里图》在中国美术界享有很高的声誉，国内许多学者认为，《漓江百里图》不仅展示了广西美术资源的丰富性和广西画家独有的艺术表现潜力，而且也是一件真正意义上的以漓江山水为艺术表现对象，着重研究其形象、气韵、符号、意境和人文情怀的作品。经过时间的洗礼，在今天看来，它的艺术构思、处理方法和宏大的气势，都是中国山水画难以逾越的一座里程碑，因而被评论界誉为漓江画派的开山之作。

《漓江百景图》流韵隽永

新作《漓江百景图》是《漓江百里图》的姊妹篇，是黄格胜二十几年来对桂林山水的重新认知和再度表现的一个小总结，是他在近三年繁杂的公务之隙创作而成的。《漓江百景图》是由漓江写生系列、资源写生系列、古园春色系列、水源头村写生系列、灌阳写生系列等五大系列的百余幅作品组合而成。画作向人们展现了"大漓江"的代表性景点，涵盖古园林、山寨、古民居等多项内容，是漓江山水的精华所在，有浓郁的田园乡土气息。其最大的特色，在于每一幅作品都是现场对景完成，因此具有较强的写生味和亲切感。

在各大系列作品中，每一幅图都将人们带到桂林的山水间、田园上、乡村古寨中、名园胜景里，独秀峰、伏波山、象鼻山等市区景点，资源、灌阳、雁山园和兴安水源头村等地独具特色的风土人情，都一一呈现在人们的眼前。作品《含天下之美，藏古今之胜》，描绘雁山园的名园之美：绿树掩映，古园亭台一角微露，显出宁静与幽然，一切美都含在其中、藏在其内，极其诱人。作品《银杏叶金稻草黄》描绘了乡间一景：村头几株深秋的银杏，金黄的叶子成为图中最灿烂的色彩；而地上堆着的稻草的黄则明显输给了银杏叶的金，展示出浓厚的乡土气息。《幽林情话》中，一大片浓墨铺置出"幽深的密林"：小桥流水，几只无人的小舟，林子深处有一对男女相依，正在说着甜蜜蜜的情话，画作将乡间男女谈情说爱的生活画面生动地呈现在人们面前。

❀ 黄格胜《含天下之美，藏古今之胜》

黄格胜《银杏叶金稻草黄》

黄格胜《幽林情话》

❀ 黄格胜《漓江百景图之一》

❀ 黄格胜《漓江百景图之二》

在《漓江百景图》中，黄格胜倾情致力于古镇旧圩、山寨村落的表现。因为他发现，作为人与自然、人与人相处最融洽、最和谐的地方，古镇旧圩、山寨村落可以说是几乎完美地体现了和谐的理想。其中的老房子，大多经历了几百年的沧桑洗礼，虽然破旧甚至衰落，却依然传达出几许温馨，散发出一缕缕感人的情愫。在黄格胜表现桂林的山水画中，这些老房子、古镇旧圩、山寨村落成了画面的主调。他作品中的这种田园感和乡土味，折射出他对时代、对土地、对农民、对人性的新的思索。

他的这批作品，不论从思想内涵还是艺术成就上，都已经超越了他此前以《漓江百里图》为代表的桂林山水作品，标志着他绘画艺术的第二个高峰。中国艺术研究院美术研究所副所长陈绶祥对黄格胜的《漓江百里图》给予了极高评价。他说，《漓江百里图》及姊妹篇《漓江百景图》对任何一个希望了解漓江、了解国画、了解当代中国的人起到了积极的、不可替代的引导作用。有评价称其作品"既有传统山水画的深远、幽雅、澹泊意境，又洋溢着南方的清新、明朗、温润、秀郁的开放气度以及现代世俗生活的亲情和乡情"。

"我的画首先是入世的，而且人间烟火味越浓越好。我觉得越'土'越有'洋'味；越'俗'越有'雅'趣。所以我多到那些连汽车都不通，极少被现代文明所'污染'的地方去写生。"这句话道出了黄格胜的一种追求。对于"土"和"俗"的自觉追求，创造了黄格胜作品深沉的乡土意识和非同一般的田园意味。在其背后，在平淡的深层，有一种令人不易觉察的忧伤和怅惘。

漓江画派的带头人

黄格胜从小浸淫在桂北农村简朴恬淡的自然风光里。桂林大地的涵养，漓江乳汁的恩泽，加上他的天赋和勤奋，使他的风格得到国内美术界的认可，并且影响和带动了南方一大批山水画家。如今，漓江画派已成为21世纪南方山水画界不可替代的流派之一。

"漓江画派"是20世纪60年代阳太阳等画家提出的。2002年，时任中共广西自治区区委宣传部长、现任中共广西自治区区委副书记的潘琦正式提出打造"漓江画派"、创造"漓江画派"艺术品牌的号召。经过几代画家的探索和创作实践，2004年6月23日，广西"漓江画派"促进会成立大会暨首次理事会在山水甲天下的桂林召开，打造"漓江画派"的行动终被付诸实践。桂林雁山公园，在岭南文献中被称为"岭南第一名园"，位居清代岭南四大名园之首，成为漓江画派的基地。作为桂派画家领军人物，黄格胜众望所归，在此次召开的"漓江画派"促进会成立大会暨首次理事会上，被推选为促进会会长。

黄格胜生长在漓江边，他对漓江情有独钟，他把表现漓江当成自己的使命和一生的艺术追求，多年来，他笔下的漓江景点就有三百余个。在世人皆以为非水墨难以为功的漓江山水创作中，黄格胜以焦墨白描打出一片天地，画面清新亮丽，格调高雅脱俗。"我的一切艺术几乎都与漓江有关"，黄格胜声称。

在黄格胜之前，我国古代绘画史上尚无一位绘画大师以漓江为主要创作题材，这个领域几乎是一片空白。在石涛以前，广西作为"南蛮"之地，鲜有在国内有影响的画家。但石涛尽管出生于桂林，成名却在外地，且其作品未曾见有桂林山水，实为憾事。徐悲鸿在抗战期间寓居桂林、阳朔一带，画作颇丰，但也只有《烟雨漓江》一画是描绘桂林山水的。真正以漓江为主要表现对象的现代画家是李可染、白雪石，之后又有广西画家阳太阳、黄独峰、帅础坚、叶侣梅等得地利之便，有大批表现桂林山水的作品问世，其中不乏佳作。在以漓江为主要创作对象的大画家之中，黄格胜的创作成绩显然无人能出其右。

生活中的黄格胜

多少年来，下乡写生已经成了黄格胜生活中一个不可分割的部分，成了习惯。他每年下乡写生至少两三次，多则十数次，即使到了今天，做到大学校长，蜚声中外画坛，也绝无更改。对于黄格胜，下乡不是观光、休闲，而是回到了自己的出生地，回到了自己真正的家园，回到了孩童时代，回到了真正的自我。只要到了乡间，黄格胜就像飞鸟回到了山林，那种超脱感、亲近感、自由感，非常人能体会。

红色T恤衫，灰白色休闲裤，浓密的黑发，一双闪露着光芒与智慧的眼睛，这便是

◆ 琳琅斋杂记 ◆

❖ 黄格胜带领学生写生

❖ 黄格胜给学生讲解

笔者对黄格胜的第一印象。我们现在已是多年的好友。和这位六十几岁的壮族画家在一起，你一定能深深地体会到他的一种心态，这种心态正如他笔下的桂林山水，永远保持着青春的神韵。

随着事业的成功，荣耀和头衔接踵而来。如果没有一个冷静的头脑和一颗执着追求艺术的心，不管是行政和教学还是繁忙的社会活动，都会使他在艺术创作这条路上半途而废。每周他必打三场球，在场上和年轻人一样猛冲猛打，球无虚发。可以说，每天他除了吃饭、睡觉、打篮球，其他时间就是画画。

2007年9月14日，为庆祝第23个教师节及黄格胜荣获第三届"全国高等学校教学名师奖"，广西艺术学院在美术馆隆重举行"格物致知——黄格胜教学展"开幕仪式。黄格胜在发言中强调：画画的人，不管你有多聪明，案头功夫是关键，"国画是用宣纸堆出来的"；画画的人要享受作画的快乐，并把自己的整个生命投入其中，才会有所建树。

黄格胜说："任何可以利用的时间我都尽量利用起来，节假日的概念我是没有的，而且我坚持在每年除夕夜和大年初一早晨一定要画画。"稳健进取，不为眼前的虚荣浮名所惑，力求让自己的作品经得起时间的考验，就是这种不辞辛劳、勤奋求索的品质，才使他的画作焕发出夺目的光辉。

著名旅美画家谢天成

旅美画家谢天成是中国画大师刘海粟先生的得意门生，他继承了刘海粟狂野奔放、大气磅礴的绘画风格，深得恩师的风骨和精髓。他还大胆创新，在传统平面泼墨的基础上创造了竖泼墨的山水画和人物画，把西方绘画技法融入中国画，独树一帜，在绘画界引起了广泛的关注。2007年初，他的泼墨山水画技法专著《宏然天成——谢天成泼墨山水技法》由天津人民美术出版社出版。谢天成是一个全能型书画家，油画、中国画（人物、山水、花鸟）、书法均有很深的造诣。20世纪90年代刘海粟逝世后他旅居美国，并出任世界华人协会艺术总监、世界收藏家联合会艺术总监、美国中美文化艺术交流促进会理事、美国新奥尔良美术学院名誉教授；近年回国，任刘海粟艺术研究院院长。他经常往返于纽约、北京和桂林之间。他在很多世界著名的博物馆和画廊办过画展，收藏他作品的有不少是政要显贵。

在岁月的历练中成长

1950年11月，谢天成出生于广西钦州灵山。谢天成曾深情地说："我出生在广西钦州十万大山最贫穷的山区，小时候在那里度过了我的童年。"人如其名，他从童年开始便显示出不同寻常的艺术天赋。

他自小身体就弱，但书画艺术天赋极高，同龄的孩子贪玩，他却迷恋于写写画画。12岁时上初中，他开始专门学习书画，在一种乡间才有的草纸上练习颜体、柳体。纸张虽然粗糙，但不妨碍他练字。美术老师叫黄玉蓉，是当时乡间不多见的中南

❖ 谢天成近照

❖ 创作中的谢天成

美专毕业生，教他素描与油画。

1964年，他考入广州美院附中，两年后正赶上"文革"。同学们一个个参加"红卫兵"搞批斗去了，谢天成就白天到附近的部队体验生活，画伟人像。1968年毕业时，他素描、水彩和书法小楷都是全班最好的，博得了老师们的交口称赞。毕业后，他被分配到广西最边远的钟山县文化站工作。他在那里的工作很杂，但幸亏没有丢掉绘画，因为反映阶级斗争用得着油画、版画、漫画。

1980年，谢天成被调到桂林市的一家花木公司做美工，这是他生命中的一个重要转折点。他一开始便在花木公司搞了一个画廊，主要搞油画。油画宜表现人物，不宜表现桂林山水之美，他擅长的油画得不到施展，只能给外国人画画像或速写打发日子。一天，一位外国游客送给他一本张大千的画册。一直搞油画创作的谢天成惊喜地发现，中国画能够传神地表现桂林山水那空灵、缥缈的意境。于是他以大师的画册为蓝本，开始潜心揣摩中国画。

当时他对中国画一窍不通，从头来学对自己是个挑战。在国画家中，他最佩服张大千，他觉得张大千的气质、经历跟自己有些相似，便从张大千的山水画技法学起。他找到所有能找到的张大千的画册埋头研习。后来他认识了张大千的朋友、美国人包国勇，包国勇把张大千送给他的画册转赠给了谢天成。谢天成如获至宝，整整画了两年。

积累了一定功底后，他试着创作了一幅中国画《奇峰醉墨》，受到名家的好评，并参选了广东的画展，不久还加入了广西美术家协会。绘画上取得的进步，令他信心倍增，并萌生了找一个大师指教的念头。但张大千远在台湾，就是见一面也谈何容易。在大陆，与张大千齐名的就是刘海粟了，但他却找不到门路。

与刘海粟的师生缘

1982年，谢天成迎来了他生命中第二个转折点，他的艺术生涯的春天开始了。在一次展览中，时任《广州日报》文艺部主任的姚北全发现谢天成有一定的绘画天赋，问他想不想见刘海粟。这当然是谢天成梦寐以求的事情，只可惜没有机会。姚北全说他明天就去见刘海粟，要谢天成跟去。当时刘海粟住在广州南湖宾馆，中央新闻电影

1982年8月，谢天成随艺术大师刘海粟在黄山学习泼墨山水

制片厂在给他拍摄传记。

第一次去见刘老，谢天成碰了"钉子"，没有带上自己的作品。刘老毫不客气地说："你不带画，来我这里干什么？"第二天，谢天成再次登门，并带上了几幅自己的作品。当刘老打开他的《奇峰叠翠》时，毫不掩饰赞赏的表情，说："嗯，不错！很有气派，有胆量，我看你很有希望！"刘老当即邀请谢天成8月份随他上黄山，跟他学画画。

谢天成担心自己请不了假，手头上又没钱。刘老第二天便给桂林市市长发电报，替他请好了假，还替他准备了钱粮。

1982年8月，按约定的时间谢天成到了黄山。刘老是坐滑杆上去的，谢天成在后边跟着。上到山路一半时，遇上著名的生物学家、美籍华人牛满江教授下山。牛满江马上返回山上，向老朋友刘老索要一幅画。牛满江为此等了一个星期。刘老竟破天荒地让谢天成代笔，然后亲笔题字送给牛教授。

在黄山这一待就是两个多月。谢天成白天跟随刘老在山上写生，晚上搞创作。他画的第一张写生是《黄山松雾图》，刘老看了很高兴，欣然提笔，在旁边题了一首七律《黄山漫兴》：

向刘海粟请教

尘世沧桑几劫灰，黄山依旧郁崔嵬。

路穷路自松间度，峰尽峰从雾里开。

下题："壬戌立秋九上黄山谢天成不远千里而来上山学习，日在孟晋中，此帧笔墨淋漓，无尘俗气，它日未易量也。"

"孟晋"一词出自《汉书》作者班固的代表作之一《幽通赋》："盍孟晋以迨群兮，辰倏忽其不再。""孟"是努力的意思，"晋"指的是进步，"日在孟晋中"很典雅的一句话，传递的是勉力进取的鼓励和厚爱。数年后刘老又提到过这个"日在孟晋中"："几年前，我曾寄望门人天成'日在孟晋中'，今天，我还是用这句话，作为赠送给他的礼物。"刘老不常写律诗，但兴之所至，偶一为之，便成佳构。

刘海粟信笔记"年方八十七岁"。当时三中全会刚过，具有重大意义，标志着中国共产党从根本上冲破了长期"左"倾错误的严重束缚，端正了党的指导思想。许多文化人士的磨难已经过去，这篇题跋道出了老人的爽朗心境，也对学生寄予了厚望。

第一次上黄山，除了画画，老师还给他规定了练习书法的课程，要求很严格。40天后，谢天成的假期已到，要下山了。刘老对他上黄山取得的进步仍然念念不忘，说:"你创作的《黄山松雾图》画风泼辣,别有韵致,已立定精神,自成一笔。这只是开始的成功,以后还会有大成功。"

谢天成回去整理了一下行装,好友新潮导演张景泰陪他去向海粟师辞行。一见面,张便催促说:"还不给老师磕头?"谢天成立刻双膝跪下,冲老师磕了三个响头,激动得双泪交流。刘老连忙扶起,目送谢天成下山,并约好下次再上黄山。

1988年8月,刘海粟再上黄山,师徒如约在黄山见面。刘老一生十上黄山,最后两次谢天成都随刘老上山,两次共在山上潜心写生三个多月。

开拓竖泼墨技法

作为刘海粟大师的关门弟子,谢天成继承了恩师狂野奔放、大气磅礴的绘画风格,并独树一帜。他把恩师的平面泼墨技法发展延伸为自己的竖泼彩墨法,因为平泼技法只能泼出个层次,不能表现空间和结构,因而绘桂林山水缺少流动之美。善于求新思变的他,经过反复思索和琢磨,终于创造出竖泼墨技法。他还独辟蹊径,巧妙地在中国画中引入西洋画的技巧,提升了国画的表现力。

正是这种画法使他逐步形成了自己的艺术风格,让水墨在往下运动中产生力度美,此类代表作有《漓江烟雨》、《泼墨山水》、《桂林山水甲天下》、《春秋烟雨图》等。谢天成在竖着的纸面上挥洒自如地泼出近、中、远三度空间。运用这一技法,他如愿表现出了桂林山水如云似雾的流动之美。他的水墨作品《桂林山水甲天下》,画面中的那座大山能让观者感受到墨汁从山顶酣畅淋漓、一泻千里至山脚的流动与变化。《春秋烟雨图》画面构思独特,气势恢弘,墨法精湛。其师刘海粟曾评价谢天成的山水画说:"吾弟泼墨山水气势不凡,其中有广阔的美学空间,逸气横流。"

执着于艺术的谢天成充满自信,不满足于在山水画方面的成就,还大胆创造出大泼墨人物——以山水画的技法描绘人物。大泼墨人物打破了传统人物画的拘谨,使人物形象产生山一样的厚重感和力度美,使之更具震撼力,也丰富了他的创作题材,《敦煌女史图》、《松月罗汉》、《帝王图》等就是这类代表作。刘老曾收藏谢天成的《敦煌女史图》,可见他对弟子作品的珍爱。

❀ 谢天成《云月漓江》　　　　　　　　❀ 谢天成《回眸一笑百媚生》

谢天成说，竖泼的灵感产生于一次观雨，他看到雨水在墙上的痕迹很有冲击力，有强烈的流动性，比传统的平泼要多出几个层次。这些用竖泼彩墨法创作的中国画作品，深得恩师刘海粟的赏识。

1986年初春，谢天成访日筹备画展前，途经上海，向恩师展示了他的数幅近作。恩师认为天成终于成为属于他自己的画家了。刘海粟在《日在孟晋中》写道："天成的山水画作品，从笔墨所引来的趣味看，不追求表面的光滑圆满，而着力于突出蓬勃向上的壮伟气势。如写诸峰侧像，有时用泼墨成一团火焰，泼写兼施，非常大胆。但也恰到火候，无造作硬凑的感觉。写流云雾飞，有用空白，有用淡墨，浓淡干湿，酣畅淋漓，色感异常鲜明强烈。他很有天赋，泼墨不易掌握，他却能大胆泼写。"

1991年刘海粟给谢天成的回信

中西融合的典范

由于东西方文化的差异，特别是在20世纪八九十年代，用宣纸材料创作的现代中国画很难进入西方主流社会。但谢天成就不信这个邪。油画功底颇深的他知道，西方人普遍认为有强烈的色彩对比、严谨的结构和饱满的构图的油画最有艺术感染力，而对中国画中的黑白灰色彩组合，以及单纯、飘逸空灵的意境则难以理解和接受。因此，要让中国画征服西方世界，就既要保持中国画的优良传统，又不能不关照西方人的欣赏习惯。要用中国画征服西方，就要在对比中找到结合点。

谢天成尝试打破传统国画的意境格局，大胆地把中国的水墨、颜料、宣纸和抽象的意识与现代派的色彩感觉糅合在一起，在中国画的创作中糅进油画的某些理念和技巧。闯荡美国时，他曾发誓说："我到美国以后一定要干出一番成就，把传统中国画跟西方艺术融合起来，使中国画放出一种异彩，让更多的美国人能够喜欢和欣赏！"他就这样踏上了赴美的征途，起先是在新奥尔良，后来到了洛杉矶。开始的时候他碰了不少钉子，遭遇了不少冷遇和失败。他在痛苦中挣扎着，但信心从不动摇，他每每想起恩师的话：跌倒了再爬起来，日在孟晋中。

为了创造机会让学生到境外去走走，1986年刘老写信给日本东京南画院的院长片桐白登先生，推荐谢天成去见他。片桐先生的水墨画造诣很高，在他的组织下，谢天成当众表演，把墨磨浓，用平泼的技法，控制好水，泼写兼施，一幅大气的水墨画就成了。画毕，满座皆惊，片桐先生把画送给了台湾女画家。中曾根康弘首相听说刘海粟的弟子来日本办展，马上安排接见。在首相厅，谢天成把《漓江山水》赠送给首相。他还先后把自己的作品赠送给政治家宫泽喜一、平山郁夫。

日本一代宗师、巨匠东山魁夷看了画后，还赠题谢天成一本精装的个人大画册。在东京，最有名的画廊的主人真布先生看好谢天成的画，以6000美元一张买了三幅。真布先生第二年还预订了150幅作品，稿酬50万美元，要全面推出谢的作品。中国画和日本画有所不同，谢天成到日本是想说明，当代中国的水墨山水画有所突破，而且后继有人。

1989年4月，谢天成与美国现代艺术家詹姆斯合作，用宣纸做材料、以中西结合的手法，激情创作了巨幅作品《漓江魂》。这幅作品是中国画与油画的大胆结合，后来在洛

◆ 琳琅斋杂记 ◆

❀ 谢天成《春秋烟雨图》

❀ 谢天成《金秋》

杉矶亚洲太平洋博物馆展出时引起了极大关注并被该馆收藏。詹姆斯是位现代派画家，他们合作的题材，首先是桂林山水，接下来是敦煌壁画，最后是即兴的无题创作；使用的材料是中国的宣纸和詹姆斯带来的蜡光纸；用的原料则是中国画材料；采用的技法是大泼墨，以油画黑色为主，油性的材料用松脂油调稀，然后泼在宣纸上，结果出现了意想不到的艺术效果。14天中，他和詹姆斯同吃同住，共同画了30幅作品。

1995年从桂林移居到美国洛杉矶后，谢天成接触到的艺术大师作品让他激动、思考，促使他反省。天生求新求变、大胆探索的创作激情再次爆发，他大胆地把中国的水墨、颜料、宣纸和抽象的意识、现代派的色彩感糅合在一起，在中国画的创作中糅进油画理念和技巧，大大丰富了中国画的表现效果，推进了中西方绘画的交流和发展。

在旅美期间，他除了继续采用他的竖泼彩墨法创作敦煌人物和桂林山水外，又用拓印法、浸水法以及二维空间装裱法，结合西方油画的技法创作了一大批巨幅作品。《西藏风情》系列用中国的画笔、中国的颜料、地道的宣纸，探索中国绘画的韵味，糅进油画厚重的气势。美国人觉得不可思议的是，在如此薄的宣纸上怎么能形成比油画还厚重的肌理，几乎每个看画的人都想用手去摸个虚实。1998年，他在纽约荷里区名画廊举办了自己的现代派画展。《远古的神秘》、《陈旧的盛装》、《雨季的情思》等20多幅作品以梦幻般的色彩和全新的技法，构成了一幅幅具有东方情调的、斑驳肌理的抽象画。

他在很多世界著名的博物馆和画廊办过画展，让西方人眼前一亮，作品被不少政要显贵收藏，如法国前总理希拉克，日本前首相中曾根康弘、宫泽喜一、桥本龙太郎，美国前总统克林顿、布什，挪威国王哈拉尔等。前国务委员唐家璇用其画作为国礼赠送泰国总理；前外交部长李肇星用其画作为国礼赠送马来西亚众议长。应联合国友好理事会的约请，谢天成目前正在专门创作一幅泼墨人物画《和谐颂》，赠送联合国秘书长潘基文收藏。参加新世纪中国画学术研讨会时，谢天成被洛杉矶名城帕萨迪纳授予荣誉市民称号。

◆ 琳琅斋杂记 ◆

谢天成《西域风情·一》

谢天成《西域风情·二》

谢天成《西域风情·三》

谢天成《西域风情·四》

书画鉴定『解惑』难

如果你是一个书画收藏爱好者，一定最害怕碰到赝品而遭受巨大损失。由于书画作品存在着诸如创作材质基本稳定、作品风格庞杂多元、遗存数量繁芜等特殊性，加上书画鉴定囿于书画实物和文献资料两方面的限制，因此辨别中国书画的真伪一直是个老、大、难问题。由于缺乏科学的鉴定评估体系，英国苏富比拍卖行在20世纪90年代已经停止中国书画的拍卖，而香港佳士得公司虽然坚持中国书画的拍卖，但其价格处于不合理的偏低状态，一定程度上影响了中国书画的国际声誉。自20世纪80年代以来，中国书画鉴定界也出现了将科技手段运用于书画鉴定的趋向，目前书画专家逐渐倾向于采用"目鉴为主，科技为辅"的思路。

传统鉴定的基本思路

传统意义上的书画鉴定主要是通过目鉴和考定两个过程来完成的，往往以目鉴为主，以考订为辅。目鉴与考订，是故宫博物院研究员、古书画鉴定巨擘徐邦达先生最先提出的。其实，目鉴与考订这两种方法并非今人所创，明代的大鉴藏家张丑采用的就是"鉴考结合"的思路。

鉴别古书画主要在于对实物的目鉴，即凭视觉观察识别某一类作品的艺术表现特征。显然，目鉴的内容主要是书画作品的艺术表现特征，其着眼点是书画作品本身，包括作品的内容和形式、笔法和墨法、材质的品相和整体的艺术特征等方面。当然，目鉴的前提条件亦颇有局限，即"一人或一时代的作品见得较多，有实物可比，才能达到目的，否则是无能为力的"。考订次于目鉴，所谓考订，大半是翻检文献，这里的"文献"包括如下几个方面：书画作品的款识、印章（包括书画家和收藏家的印章）、题跋（同时代的人以及后人的题跋）、装潢形制、书画著录和流传过程等六个方面。目鉴与考订是相辅相成的。

书画的时代风格与个人风格是书画鉴定的主要依据，这是书画鉴定界的共识。20世纪初以来，我们书画界逐渐形成了以作品风格判断为主体、考证相关文献为辅助，具有严密逻辑论证风格的鉴定方法。而传世的书画作品数量繁芜、年代久远、风格多元，这为鉴定的精确定位设置了难以逾越的障碍。文献上虽可做到条分缕析，但是具体到书画作品实物而言，宏富的文献资料与丰赡的存世作品之间的矛盾就会令鉴定实践困难重重。

毋庸置疑，在书画真伪的鉴定过程中，起绝对主导作用的便是鉴定家。尤其是在内地书画市场火爆的今天，鉴定家的地位可谓举足轻重。俗话说，术业有专攻，每个书画鉴定家都有各自擅长的领域，谁也不可能成为"通才"。

传统鉴定有"走眼"的时候

传统鉴定，是一种经验鉴定，是基于不同艺术家和鉴定家的知识积累与见识成长，形成的一个仁者见仁、智者见智的书画鉴定个人专业体系。经验鉴定为书画研究、书画保护以及艺术品市场的健康发展做出过重要贡献。但是这种鉴定方法在认知和经验上难免会带有个人主观意味，个性化色彩较浓。目前书画最终的鉴定权都在资深的老先生手里，但是老先生的水平再高，谁又能够保证没有看走眼的时候呢？谁又能够保证同样资深的老先生，对于同一幅字画的真伪不发生分歧呢？由此，传统的经验鉴定一直没能形成一个相对完善的评价体系，使得各方鉴定专家在评判书画作品的时候往往会有不同甚至相反的鉴定结果。

1995年，中国书画市场出现了一桩著名的公案——张大千《仿石溪山水图》。王定林花110万元买到的这幅作品，被鉴定大师谢稚柳认定为真迹。王定林之后找到了徐邦达和史树青鉴定，两位均表示此画是伪作。同一幅作品，两地著名鉴定家却得出全然不同的结论。自此，南北鉴定界的第一次分歧便轰轰烈烈地展开了。2005年3月12日，由珠海市博物馆、国之瑰宝网共同举办的"国之瑰宝——黎雄才、关山月作品展"所遭遇的打假事件，可以说是鉴定家与作者家属之争、南北两地鉴定家之争。参加展览的关山月、黎雄才画作共38幅，被关、黎家人现场认定全是假画。然而，其中的12幅黎雄才作品被送到北京，经过国内多位权威专家鉴定为真品。以上两个案例和其他类似情况，反映了书画鉴定机制的不完善和书画鉴定评价体系的缺失。

央视播出的《鉴宝》节目中，吴作人一幅《牧牛图》被从事书画鉴定研究工作40年、北京故宫博物院研究员单国强先生现场鉴定为真品，并估价25万元。随后便有消息传出，吴作人遗孀、著名书画家萧淑芳女士表示该《牧牛图》是伪作无疑。这又是一场关于书画真伪鉴定的争议，目前仍未有结果。无论如何，央视《鉴宝》只是提供了一个平台，并没有能力对文物真伪负最后的责任。

随着书画艺术品市场的"火爆"，躺在博物馆里的历代书画艺术品的宁静也纷纷被打破。过去很多认为是真品甚至珍品的东西，似乎一夜之间成了拙劣不堪的假货。湖南省博物馆60年前收藏的一批齐白石作品，在前几年的一次展览会上被齐白石后人说全假。史树青先生曾收藏有500幅历代书画作品，史先生说95%是真品且不乏精品。我相信。但一位现在非常活跃的鉴定家不仅否定，而且要把史先生的说法倒过来。

毫不讳言，中国当代书画鉴定领域存在着不少"专家黑洞"问题。现在有些专家明明只擅长某一方面，却"古今通吃"：只精通古字画的，偏要鉴定近现代的作品；只熟悉某一画派的，却要来者不拒，仿佛样样精通。这不可避免地导致错误鉴定频出。即使是那些公认的著名鉴定家，在面对同一幅作品时也常常能得出全然不同的结论。由此引发的不同派别专家之间关于真伪鉴定的争论此起彼伏。而专家队伍的高龄化，也为传统鉴定工作增加了危机感和紧迫感。

这种建立在个人知识积累和经验成长基础上的鉴定，我们一般称为经验鉴定。经验鉴定为书画研究、保护以及艺术品市场的发展做出了重要贡献。但是，随着社会的发展、科技的进步，书画造伪不仅花样翻新、伎俩丰富，其科技含量也日益增加，因为材质的细微变化单靠肉眼进行判断是不行的，这就给经验鉴定增加了越来越多的困难和不确定性。而且，由于经验鉴定带有主观性和局限性，往往会造成鉴定结果的差异,甚至出现不准确的判断。

真伪辨识已经成为阻碍中国书画市场发展的最大障碍。现在艺术品价格飙升,但中国书画市场并没有达到我们所期待的水平。鉴定是个大难题,在国内是个大难题,在世界上也一样。国内当代艺术品价格飙升的重要原因之一,就是没有真伪问题,这和国际上的情况有相似之处。在国际上,印象派以后的书画屡次出现高价,而之前的书画作品绝大部分达不到这样的价位,很大程度上是因为真伪问题。第二次世界大战以后,世界艺术市场发生的很重要的一件事,就是对印象派等艺术创作活动的跟踪和数据采集以及全套档案的建立。

因此,无论从研究传统文化的角度出发,还是从艺术品市场的现实需要考虑,都亟须建立一套科学的书画鉴定体系。

高科技手段也有"软肋"

科学技术的快速发展,使现代科技手段在书画鉴定方面的有效运用成为可能。在书画鉴定中,激光拉曼技术、光谱分析、显微技术等,通过对书画作品的纸张、颜料、墨迹、印章等材质方面进行数据分析,为书画作品的断代等提供了可信的技术支持,从而起到了与经验鉴定相互印证的作用。目前,运用科技手段对书画进行数据采集与分析不会对书画作品造成损伤,这种无损的科技手段的运用对艺术品的保护、研究、传承等具有特别重要的意义。

理论上讲,材质的稳定为科技手段参与鉴定提供了一个绝好的契机。但千余年来,书画创作所用材料的基本原料稳定,而且这些材料至今依旧盛行不衰。由于书画材料的成分趋近相同,因此不易用材料(如绢、纸等)来进行断代。书画创作所用的绢,是由纺成线状的纤维体以物理方法织成,其组成元素基本稳定,不同时期的蚕丝成分大致相同。就绢本书画作品而言,不同时代所用绢的不同,也仅是绢的质地、尺寸、颜色、厚薄、纹路(纺织技术)等的差异。材质稳定,就无法为断代提供一个可以量化的、统一的、精确的客观标准。于是,科技手段参与书画鉴定的设想,似乎近于望洋兴叹。

❀ 《天工开物》记载的造纸工艺

    造纸，是利用物理作用使已分裂的纤维体凝结成一种均匀的片状物，其主要原料包括韧皮植物，如黄麻、亚麻、苎麻和藤；树皮，如楮树皮和桑树皮；禾科植物，如竹、芦苇、水稻和小麦的茎秆；以及种子植物，如棉花等。而书画用纸的主要原料是楮树皮、桑树皮和檀树皮，竹纸则从北宋开始。在20世纪80年代，徐邦达先生曾尝试利用自然科学对纸张进行检测以辅助鉴定，其结论是"大约到北宋中期，造书画纸的原料无所不备，因而就不易以纸来区别其时代的前后了"。

    此外，同一个画家，他有情绪好的时候，也有情绪不好的时候，不同心境下创作的书画作品其水平是有差异的。这就不能完全依赖高科技。

必须坚持"两条腿走路"

目鉴方法是通过阅读大量的著述，其中有数据，也包括看大量真迹，这是脑子里的数据和档案库；然后鉴定者从一幅画的笔墨、结构以及多少种变化等分析，东西真假大都可以定论，有分歧的是少数。但是，目鉴不能解决所有的问题。一般来说，目鉴遇到解决不了的问题往往要进一步考据；考据如果解决不了，那就要用科学；科学如果也达不到，就要期待科学的发展。这个逻辑关系是清晰的。也就是说，现在既然有了高科技鉴定，下面的问题就是科技如何逐渐深入的问题。

实际上，目鉴也希望有科学的方法协助定案，科技鉴定可以解决很多重要的问题。比如说，传统鉴定对于个人风格、时代风格、材料等都要考虑，分歧一直存在，有些问题会争得不可开交。比如前面所说的张大千《仿石溪山水图》，两方的老先生争得互不相让，最后经国家文物鉴定委员会20多个专家判断：题跋是移上去的，作品是假的。实际上，像这样的分歧，目鉴不认可，用科学一下子就解决了。现在国家投资来研究这个课题，非常有必要。

无论从研究传统文化的角度出发，还是从艺术品市场的现实需要考虑，都亟须建立一套科学的书画鉴定体系。通过艺术与科技的结合，可以将经验鉴定业已取得的众多成果，经过专家学者的集体努力，结出集体智慧的硕果，形成一个相对完善的鉴定评估体系。同时，亦可将传统的经验鉴定成果与现代科技手段相结合，尽快改变单纯依靠个体经验和"眼光"的现状，建立以传统经验鉴定为主、科技手段为辅的书画真伪科学鉴定体系，"科技断代、经验断人"，实现经验加科技的"两条腿走路"模式，使鉴定这门学问更科学、更可信。

高科技系统介入书画文物鉴定，并不是提供一种判断的结论，比如简单的真假问题，而是依据什么判断真假，它更关注判定过程中提出的可计量的问题和质疑。高科技系统介入书画文物鉴定，完全有可能改变国内书画文物鉴定行业原有的格局，逐渐形成大学、文博、社会多方参与的良性互动。

2007年12月，浙江大学艺术学、历史文献、计算机、材料学等学科的有关领导和专家聚集艺术学院，举行浙江大学中国书画文物鉴定研究中心及座谈会，探讨合作开展中国书画文物鉴定研究的有关问题。浙江大学作为全国重点综合性大学，拥有雄厚的人文科学、自然科学资源，可以调动内部艺术学、材料学、计算机、文博、历史、文献等学科的专家，对书画文物鉴定进行系统的、深入的研究。

由中国艺术科技研究所与首都师范大学共同承担的"书画真伪科学鉴定系统"，就是希望将科技手段引入书画真伪鉴定中，建立以传统经验鉴定为主、科学技术为辅的书画真伪科学鉴定体系。书画真伪科学鉴定系统是在对国内外已经运用的科学鉴定方法进行全方位分析之后，在保证书画作品安全性的前提下，运用激光拉曼技术、荧光光谱、显微红外光谱和能谱等现代化分析手段对中国字画进行鉴定的试验。其鉴定工作既包括在纸张、颜料、墨迹、印章等年代上的区分，还有技法、笔法、历史渊源、时代特征和艺术风格等方面的区分，从而达到区分作品真伪的目的。该项目的付诸实践，使我国传统的鉴定方法融入书画鉴定的现代化进程，使书画鉴定评价体系日趋完善，并将从规范化的角度建立相对完整的书画鉴定科学体系和中国书画鉴定数据库，同时也为后世留下科学鉴定的依据，使之更好地服务艺术品市场、服务社会。

对于中国书画而言，在数据库的适用性方面，鉴定元代以前的画要远远逊于明清以后以及近现代的。数据库不可能解决所有问题。西方也一样。对于这个系统工程在书画市场的应用，鉴定宋元以前的作品应以经验为主，近现代的就主要靠数据了。

古玩市场李鬼横行

随着时代的发展和人民生活水平的提高，越来越多的人将资金投向古董珍玩和古今名人字画等的收藏。有专家断言：继贸易、金融、股票和房地产之后，收藏将是未来投资回报率最高的行业。因而，越来越多的仿古、造假、贩假"游击队"进入古玩收藏行列，他们游荡于市场之间，打一枪换一个地方，造成鱼目混珠、真假难辨的状况。

文物市场假货泛滥

上海收藏界的一位资深人士透露，目前上海市场上50％的瓷器是赝品，另外20％是补货（即用特殊技术将瓷器碎片修补而成），只有30％才是真正的"好货"，而"好货"中的传世精品可谓凤毛麟角。

现在沈阳古玩市场上，95％以上的古玩是赝品，甚至不少拍卖行也混入了大量赝品，成为赝品集散地。如今沈阳从事文物造假的至少在百人以上，这个数字还是保守的，其中高手也有十多个。他们通常都有专门造假的窝点，而且水平很高，在胎质、色彩、纹饰等各方面完全可以以假乱真，就算行家也很难辨别真伪。

一位珠三角的藏家，投资1000多万元收藏了某类古瓷器100多件，沾沾自喜。后来被行家告知，该类古瓷器世界上仅存100件。经专家鉴定，该藏家的藏品全部是假货。

沈阳市新城子区一位收藏爱好者傅先生，在市场上花11万元买到一个青铜香炉，以为买到了真品并捡到了漏。谁曾想被专家鉴定为假货，市场流通价只有200元。傅先生对记者说，他把老家的房子卖了，几乎用完了所有的积蓄，却买到了这件以假乱真的玩意儿。他像吃了苍蝇似的感到受骗了，却又找不到卖主退货。

一位来自新疆的收藏爱好者，在海口古玩市场上看到一对特别精致的清乾隆年间的花瓶。摊主说，该对瓷瓶是从家中盖房挖地基时挖出的一个古墓中所得，并声称还挖出有古钱币等器物。经过多次讨价还价，最后新疆客人以4800元购得了这对瓷瓶，自认为买到了真品。回到宾馆，经专家反复鉴定为仿品，市场上最多值50元。新疆人一听，立即和朋友打车来到古玩市场，一看，卖瓷器的人早已不见踪影，气得他发誓今生今世再不搞古玩收藏。

文物造假手段高超

1. 用古料拼凑

目前专家对陶器和瓷器进行鉴定时，一般在器物的底部取样。造假者看准了这一点，就在赝品的底部采用古代的陶片或瓷片。这样虽然整件器物是一件赝品，但科技鉴定结果却是不折不扣的千年"古物"。此外，还有一种造假手段更为隐蔽也更能欺骗科技鉴定仪器：造假者使用若干古代器物的残片拼凑成一件完整的赝品。这样，即使科技鉴定专家采用多点取样的办法，得到的分析结果也一样是此物为真品。

古玉造假有的是用古玉料，令人真假难辨。仿辽、金、元的和田古料赝品，一经售出可能获利几十万元甚至几百万元，这是造假者仿造猖獗的"原动力"。

2. 青铜器、瓷器做旧

所谓的传世珍品如铜佛、古瓷等，很多是造假者精心加工仿制而成的。他们将加工好的仿制品浸泡在事先准备好的粪便池中，封闭浸泡一段时间；取出来后，再埋在准备好的土坑中，加少量的水、尿等深埋。处理时间少则三两个月，有时长达半年或更长的时间，拿出去便成了古物。

一位靠文物造假挣了几十万后来洗手不干的人，曾敞开心扉地"总结"了古瓷造假的不少经验，大致有洗、埋、擦、浸、击打、做污垢等。这些手段的目的在于"去浮光，做包浆"，"做旧"，使瓷器尽量与古瓷相仿。

3. 书画材料做旧

目前书画造假者还"开发"出大量耸人听闻的技术，如用一口装满凉茶的大锅，燃火熏煮，用凉茶蒸发的蒸汽将字画熏黄，使宣纸和颜料松脆变质，加速陈化。

也有造假者将真品古画上不出名的作者的印章剜去，补上伪造的名人刻章鱼目混珠；或者将落款年代推前。

一些造假者为求效果"逼真"，甚至专门养虫养鼠来撕咬书画新作，目的就是用"蚀食痕迹"来掩人耳目。

4. 把原画分成两层

一位书画研究人员曾经把一幅价值十多万元的画拿到熟悉的店里裱，不久后，就有人拿着一幅一模一样的画求转手。这位行家拿出自己的画一对比，同真画没两样。原来，裱画的师傅把原画分成了两层，虽然厚度变薄，但装裱之后谁也看不出来。

5. 人为制造错版

邮币市场上的1981年一分硬币被称为"五大天王"之一。于是，造假者经过精心加工，把1984年一分硬币上数字4的两边去掉，只留下一竖，从而变成了1981年珍币。第四套人民币一元的错币目前市价在万元以上，于是造假者把币面上的"中国人民银行"剪下来，然后再利用高超过人的手段，将其倒置贴在原币上，就人为地形成中国人民银行倒置错币。

6. 欺骗热释光测年手段

海关曾截获一尊从中国运到欧洲的唐三彩马。这件文物从器型、工艺等角度看均为真品。专家用目前常用的热释光技术对这件唐三彩马进行鉴定，结果显示，这是一件3000年前的"文物"。专家经过进一步分析终于发现，这是一件运用高科技造假手段改造的赝品。造假者为了欺骗热释光测年手段，使用X光对赝品进行短时间的照射。

使用X射线照射器物与热释光测年结果之间存在定量关系，1秒钟的X光照射，在热释光测试法下约相当于器物1000年的演变。正是这件被X光照过了头的唐三彩，才让文物鉴定专家们发现：原来造假者已经开发出了对抗热释光的高科技手段。

造假之风盛行的原因

1. 文物投资收益高

北京市文物收藏品市场的年交易额超过10亿元人民币。由于文物古玩市场常会出现一夜暴富的神话，越来越多人的投资注意力被引向这一领域。在拍卖市场上，文物基本上是一年升值30%~50%，有的文物过两年再拍，就能升值一倍，这种情况刺激民间收藏越来越火。造假者自然也看到了其中的"商机"。

2. 文物市场真品越来越少

经过近30年的市场运作，有品质的文物已经不多了，真品只会越来越少。面对庞大的市场需求，造假产业自然越来越兴旺，所以市面上所谓的文物商品大多是仿制的。大量赝品充斥市场，对正常的艺术品交易造成了极大冲击，藏家不愿出货，买家望而却步。

中国历来是一个崇尚古文化的国度，也有收藏古玉的传统。但许多传世古玉早就被各级文物部门锁入"深宫"，偶有漏网之鱼，也早被成千上万古玉淘宝者们纳入囊中。货源紧缺的结果是：赝品泛滥。事实上，全国各地成百上千的大大小小所谓古玉市场中，赝品占了绝大部分。

沈阳故宫博物院的一位专家曾作过观察，在沈阳市古玩市场从头走到尾，没看到一件真品，就连20世纪初民国时期的古玩都没有。

3. 文物鉴定不规范

现在文物鉴定的门槛很低，一些民间收藏学会也搞起了鉴定，往往一个专家就"一锤定音"。文物鉴定是一件严肃的工作，一人鉴定无效，要有两名至三名专家才有效。以民间活动代替国家鉴定是绝对不允许的。然而，国家级鉴定专家自1980年就不进不出，文物鉴定专家年龄偏大，一般都在八九十岁，已出现断档之忧，人才接力方面有许多工作要做。

4. 造假利润可观

造假活动如此猖獗，驱动造假者的是巨额的利润。字画是造假成本最低的，一幅画不过一张几块钱的纸，几滴墨，还不是一瓶墨。但假画一旦卖出去，价格少的几百几千，多的几万乃至几十万，有成百上千倍的利润。古瓷造假的利润也颇为可观。据业内人士透露，在长沙一个有名的古窑址就有造假点，他们就地取材，用遗址的土，运用自己"耳濡目染"下掌握的技术，烧制仿古瓷。这样卖出去"产品"也能获得暴利。

造假者一般是些有一定专业知识的人。以字画为例，造假者大多对书法、美术有一定了解，但在创作实力上不如大家，名气不如人。为了"养家糊口"，甚至牟取暴利，他们就干起了这些营生。

金融危机下,钻石市场「吹面不寒」

物以稀为贵，是人类社会产生物物交换以来就被推崇的一条守恒定律。而被众多行家认为"买一粒少一粒"的钻石，近些年来，特别是在全球金融危机爆发以后，更因其恒久不变的价值保持着稳定上扬的价格走势。在预期通货膨胀不断升高的市场下，如何使自己的资产保值，成为个人投资者的首要目的。其实，除了黄金、房子等，钻石珠宝也可以成为投资的一种方式。

我国钻石市场一枝独秀

在经济低迷期，钻石或许在很多买家眼中失去了光彩，但在中国富裕地区，关注时局的消费者让钻石交易保持了红火的销售态势。近年来，钻石市场是中国珠宝市场中成长最迅速的市场，市场消费总额不断攀升。目前，中国已经成为世界上最主要的钻石消费大国之一。

据统计，2008年上海钻石交易所的钻石交易总额达13.7亿美元，钻石饰品国内零售市场总额超过200亿元。2008年10月至2009年第一季度，受国际金融危机的影响，欧美日等重要钻石市场均出现了明显的下滑，但中国内地钻石市场仍然保持了较快的增长，是全球主要经济体中唯一一个钻石销售保持增长的地区。中国富裕中产阶级人数的增加，以及庞大的消费者人数，被视作刺激钻石交易的重要因素。2009年上半年，全球最大的钻石市场美国的成品钻进口量减少了近一半，但中国的进口量增长了约13%，高至3亿美元，这为陷入困境的全球钻石贸易提供了有力支撑。

🔹 钻戒

中国钻石需求真正开始增长是在20世纪90年代，当时钻石公司戴比尔斯公司（De Beers）将其全球广告宣传活动推广到中国，迎合了中国消费增长以及对西方生活方式追求的趋势。潮宏基钻石（CHJ）在中国拥有约300家分店，其营销部经理Raymond Choi称，自1996年起，其钻石销售平均每年增长30%，不仅是沿海富裕地区，全国各地的钻石需求都增长稳定。戴梦得珠宝（Diamend）副总裁王岚称，2007年选择大于0.3克拉钻石的中国买家人数约增长了一倍。

根据中国宝玉石协会的一项调查结果显示，随着国民经济的发展，我国的钻石消费发展迅速，已经成为一种习惯消费；而在近两年，不少购置婚戒的年轻人成了购买钻石的主力群体。以往人们对钻石饰品的需求仅限于婚戒，但现在已经扩大到礼品市场，如家人生日或者结婚纪念日等，都会以钻石作为礼品相赠。目前股市跌宕起伏，许多投资者也有些摸不着方向，在这种情况下更多的投资者选择投资珠宝，而投资钻石就是一个不错的选择。婚戒一般是以50分和1克拉的钻石为主，并且较为讲究时尚；而那些出于投资目的的消费者，往往会购买1克拉以上的钻石，而且有越买越大的趋势。

同济大学宝石学教育中心的主要创建者朱静昌教授长期关注国内珠宝产业的发展。而身处上海这个全国珠宝消费制高点，自然让他对珠宝市场的变化有更为细致而准确的把握。有抽样调查数据显示，上海被调查人群2008年在珠宝上的平均支出为5198.3元，约为西安1190.6元的4.4倍。

中国经济有望率先走出低谷，中国钻石市场有望实现新一轮更快速的增长。正是在这一市场预期下，2009年上海国际珠宝首饰展吸引了来自22个国家的400多家展商，展位数量达1100多个，规模近2.3万平方米。

钻石的投资价值

钻石投资是投资周期比较长的一种投资工具。虽然变现能力没有黄金等方便，但是钻石是宝石类中最好的投资工具。按照一般的回报比例，钻石每年都有约5%到15%的上涨空间。

钻石是一种矿产资源，是由百分百纯净的碳组成的自然宝石。它是目前人类发现的最坚韧的天然矿物质，同时也是最贵的。其独具的稀有、珍贵、耐磨性、坚硬度，使其位于五大宝石（钻石、红宝石、蓝宝石、祖母绿、猫眼）之首。而钻石永远不会变质且易于携带的特性，也让其投资的功能和价值得到了充分的体现。

在国外，钻石一直都是一种非常好的投资工具。虽然钻石的价格很少出现暴涨，但它却是每年都在涨，甚至金融危机都没有对它构成大的影响。从近百年的历史来看，钻石的价格始终在一个长期的上升通道中运行，价格增值大幅超过了通货膨胀率。而且，这几年一些高品质钻石的上升速度有加快的趋势。因此，投资钻石可以保护投资人的资本不被通货膨胀侵蚀。从一份国际钻石价格报价单上看，2003年一颗重量为1克拉、切工为VG、颜色为H、净度为VVS2的裸钻（圆形），其谈议价为4000美元；其后每年保持两位数的增长趋势，到2007年底涨到6500美元；2008年的涨幅达到10.7%，涨到7200美元。尽管最近一年多时间全球遭遇金融危机，但钻石的价格仍然稳步上涨，目前已经达到7700美元1克拉左右。不同品质的钻石，升值的幅度也不尽相同，但可以肯定的是，稀有精品钻石的回报率要远远高于这个数字。

钻石也有别于一般的期货商品投资，后者每天都会有剧烈的价格波动。也没有任何的政府会堆积钻石库存，因此，各国政府并不会控制或影响钻石的自由交易市场。在金融危机的背景下，钻石相比美元、黄金等传统投资工具具有价格平稳、容易保存的显著优势。钻石历来是以"硬通货"的形象而存在的。因此在欧美国家，钻石一直跟黄金一样，被人们当成抵御通货膨胀的工具。这就是在全球经历金融危机、美元贬值的前提下，钻石价格仍然上涨的重要原因。

钻石的需求量也一直在不断扩大，供应量却并未随之增多，因此整个全球市场总体呈现供不应求的格局，由此而造成钻石价格不断被推高。未来钻石的价格肯定还要涨，这与其稀缺性不无关联。种种迹象说明，钻石的增值空间还是很大的，是很具有投资潜力的。

国内外钻石供应情况

目前全球钻石生产地主要集中在澳大利亚、俄罗斯、南非等近30个国家，探明的储量达25亿克拉。产量位居前五位的国家是澳大利亚、扎伊尔、博茨瓦纳、俄罗斯、南非，其中澳大利亚产出钻石6.5亿克拉，扎伊尔产出钻石5.5亿克拉。多年来，俄罗斯形成了独立的钻石开采、加工、销售体系，其钻石数量大、质量优、均匀性好，在市场上具有很强的竞争力。目前，俄罗斯钻石产量在1200万克拉左右，一半为宝石级。南非产出的钻石素以颗粒大、质量佳而著名。从矿山开采出来的钻石毛胚中，有50%可以达到宝石级。世界上最好的钻石来自于纳米比亚冲积矿床中，这些钻石经历自然的风化被搬运到海边，路程长达1600多千米。这五个国家的钻石产量占全世界钻石产量的90%左右。如按照目前每年约1亿克拉的开采进度来估算，估计25年后会将已探明的钻石储量全部消化掉，而且最近几年来并未发现新的大型钻石原生矿井。

中国的钻石探明储量和产量均居世界第十名左右，年产量在20万克拉左右。中国的钻石矿产主要分布在辽宁瓦房店、山东蒙阴和湖南沅江流域，其中辽宁瓦房店是目前亚洲最大的金刚石（钻石）矿山。

为了减少生产成本，顺应市场，在2009年年初，几乎供应全球40%的原矿钻石的戴比尔斯公司已经关闭了40%的博茨瓦纳钻石矿。这种审时度势的举措为自己在第二个年头的市场奠定了基础。2009年10月，面对全球性的经济危机，戴比尔斯发出全球钻石市场回暖的报告，指出戴比尔斯在博茨瓦纳的钻石矿已经恢复了80%的开采量。博茨瓦纳有世界上最大的钻石矿开采商，钻石业几乎是当地的支柱产业。

国内外钻石市场分布

印度是钻石的摇篮和发源地，是世界上最早发现钻石的国家，自2500年前至18世纪初，印度克里希纳河、彭纳河及其支流是世界上唯一产出钻石的地方。直到19世纪，繁荣的钻石原料市场才从印度转到非洲南大陆。今天，印度仍然是世界上最大的钻石加工市场和最大的钻石消费市场之一，钻石产业已经成为印度国民经济的命脉。

按2008年上半年的统计数据来看，位居钻石消费第一位的是美国（11.51亿美元），第二位是日本（2.66亿美元），中国已成为全球第三大钻石消费国，2008年上半年首饰用成品钻进口额达2.38亿美元。尽管世界两大钻石市场及成品钻生产国——中国和印度需求增长迅速，对钻石市场产生重要影响，但钻石市场持久恢复的关键还是取决于更为稳定的美国消费者需求。

据香港《文汇报》报道，受金融海啸冲击，全球各大钻石交易市场进出口规模持续低迷。2008年上半年，以色列、比利时等钻石贸易中心的钻石进出口额同比分别下降60%、46%。中国无法拯救全球钻石业，但至少可以减缓销售下滑，并支撑该产业发展。

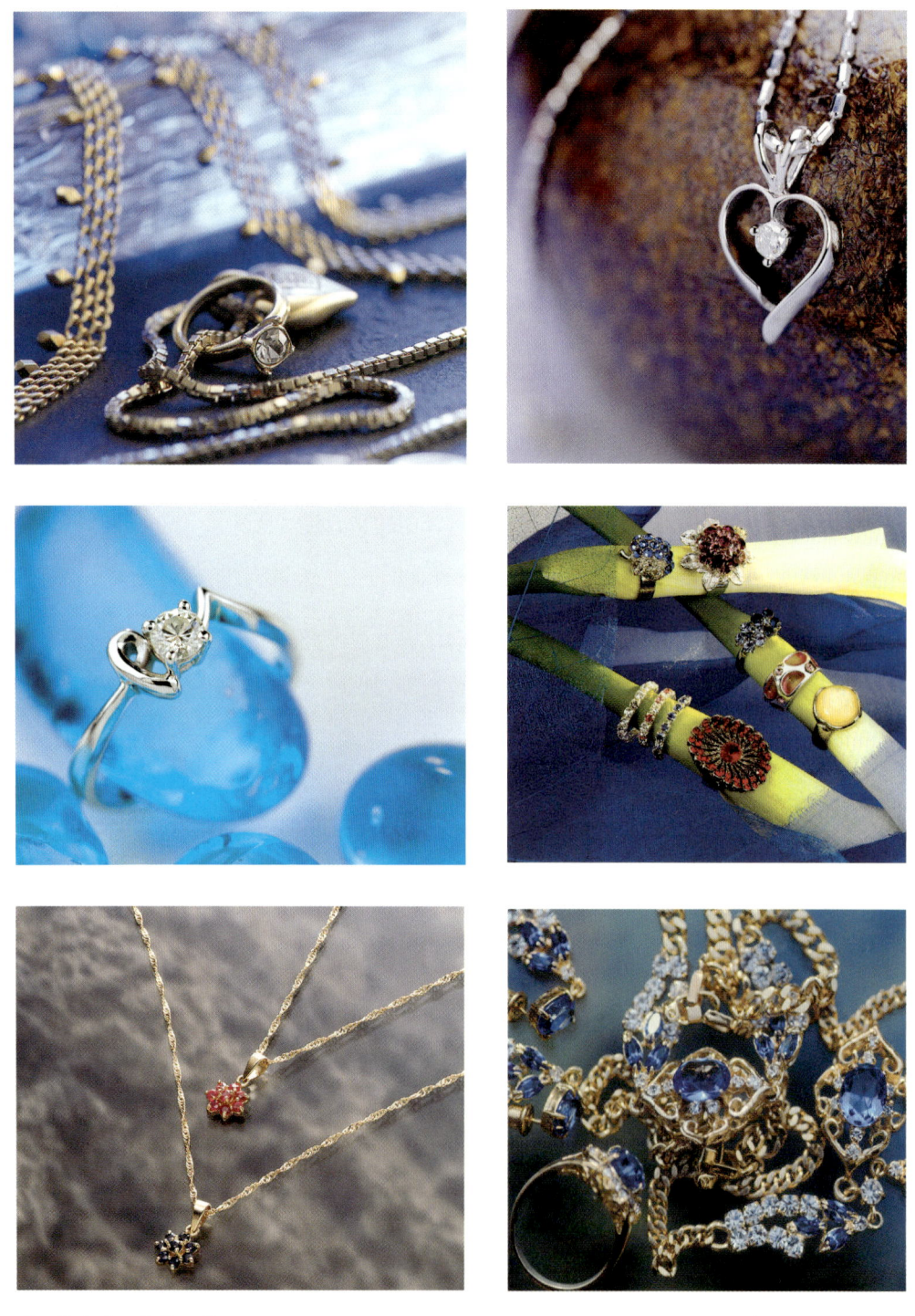

❀ 琳琅满目的钻石饰品

钻石投资有学问

钻石投资盈利多少，关键是能否看准行情。虽说钻石近年基本没有降过价，但不同品质的钻石其价格差距还是很大的，比如1克拉的钻石，根据其品质的不同，价格就可从四万元至十几万元人民币不等。

钻石的净度、颜色、切工、体积都会影响其价值。

净度（Clarity）指的是钻石的内含物。内含物越少、越小，光线在钻石内穿透的影响越低，钻石闪耀的光芒就越漂亮。干净度越高，钻石的价值越高。依照国际标准，钻石的净度分为几个等级：FL，完美无瑕；IF，内部完美无瑕，仅有极其轻微的表面瑕疵；VVS1、VVS2，有极微小的内含物；VS1、VS2，有极小的内含物；SI1、SI2，有小的内含物；I1、I2、I3，内含物较明显。

在颜色（Color）方面，钻石主要分白钻和彩钻。白色钻石中，越接近无色或高纯度颜色的价值越高。而彩钻没有一个固定的评级标准，但一般来说，彩钻颜色越浓越纯的价值越高。

一般来说，钻石的璀璨耀眼来自光的折射及色散等光学现象，而钻石切割的深浅更影响折射的角度，也决定着钻石是否有动人的面貌。因而，车工（Cut）越精细，钻石越能展现耀眼光彩。目前世界上主要的几个切工工地分别是比利时、以色列、印度以及中国香港。其中比利时的切工最贵，中国香港的最便宜。

钻石的重量，也就是克拉（Carat），也是评量钻石价值的关键，钻石越大，价值也会越高。从目前来看，1克拉以上的钻石正越来越受到消费者的关注，特别是1克拉的钻石，在市面上最为流行。它们通常被称为"克拉钻"，其保值升值的前景就比较好，而且其颜色、切工等都较上乘，比如颜色在G以上，纯净度在VS以上等。同样，在专业人士眼中，只有这些重达1克拉或是更大的钻石才能具备保值和升值的作用。

净度、切工、颜色、体积四个基本准则（合称4C）是评定钻石价值的初始步骤。在此基础上，钻石的4C等级要合理搭配，才能彰显价值。譬如钻石颜色最好在I、H以上，净度最好在SI以上；颜色和净度要互相搭配，差距不要太大，如果颜色是I、H

的，那么净度不要太低，也不要太高；如果颜色在D、E、F，那么净度可以稍微高一点。任何一方面的缺失，对于一颗钻来说都是种遗憾。

一颗1克拉的裸钻最终生产出来，首先要采集相当于250吨重的矿石。所有采集出来的钻坯中，一般情况下只有8%左右的能达到宝石级，其余的92%却只能用于工业。而这其中，95%左右的钻坯只能切割为30分以下的裸钻。由此可见，1克拉以上的钻石是何等珍贵了。

虽然目前30~50分的钻石市场需求量最大，占到70%左右，但如果考虑到投资收藏，还是应该选择品级较高的大钻石。钻石的重量最好在1克拉以上，同时切工也要达到VG（很好），净度以及颜色的要求也要高一点。因为大颗粒钻石位于金字塔的顶部，物以稀为贵，更易受到人们的追捧。

异形钻石受青睐

在某次香港苏富比瑰丽珠宝拍卖会上，异形钻石交易异常红火，除了以2300万港元起拍价闪亮登场的28.28克拉心形钻石项链之外，一对心形钻石耳环也以110万港元成交，一颗13.53克拉的水滴形钻石成交价高达1174.8万港元。

亚洲买家成了交易市场上的主力军，积极竞投高级美钻，尤其喜爱5~15克拉的白钻。而多数异形切割的钻石都集中在5~15克拉这个区间，交易因此越来越红火。

珠宝消费观念部分替代了之前盛行的珠宝投资观念，很多亚洲的新兴富裕阶层将其看成纯消费品，追求式样的美观性与特殊性，追求珠宝混搭的效果。富裕阶层的生活方式也影响到了内地大城市居民的宝石消费方式，异形钻石成了不少时尚年轻人追逐的目标。在这种思想转变的影响下，更多的珠宝商投资造型繁复的钻石，梨形、心形这些造型比一成不变的圆形更具有视觉诱惑力。

异形钻石之所以能很快红火起来，还与其相对低廉的零售价格关系密切。在广州市场上，绝大多数异形钻石的价格都在同级别的圆形钻石之下，0.5克拉的圆形钻石一般都要卖到2万元上下，而0.5克拉的公主方形钻石只要1万元就买得到。在所有的异形钻石中，公主方形钻价格最贵，一般相当于同级别的圆形钻石价格的二分之一到三分

琳琅满目的钻石饰品

之二。而在公主方形钻石之后，才依次是梨形、水滴形与菱形切割方式的钻石，一颗中上成色1克拉的梨形钻石一般能卖到5万元左右，而水滴形与菱形切割的钻石一般只能卖到4万元上下，价格最多只有圆形钻石的二分之一。

如何开展钻石买卖

黄金和银等贵重金属都具有全球性的期货市场和统一牌价，只要拥有一定资金就可参与其中，通过做多或做空进行投资。钻石没有统一的牌价，有的只是一个市场参考价，即"行价"。虽然也有钻石交易所，但它采取的是会员制形式，只有会员可以通过这个平台互通有无，非会员是无法参与的。因此，就目前而言，投资钻石只能通过市场买卖这一条路。

变现是投资钻石最难把握的环节，上海钻石交易所是官方指定的交易渠道，投资者可以委托该所会员代理买卖钻石。拍卖也是将高价名贵钻石变现的好选择。由于风险太高，不少行家一致认为个人私下交易不应提倡。

我国古代玉饰文化的演变

夏商周玉饰清新简洁

早在近万年前的旧石器时代晚期，我们的祖先就发现并开始使用玉石了。由于它比一般石头更为坚硬，于是人们就用它来加工其他的石制品。在长期缓慢的演化过程中，玉由原来一种单纯的石头转化为权力、地位、财富、神权的象征。

装饰用玉器历来是玉器艺术中品类最为丰富、造型和纹饰最为多样的一种。夏、商、周三代是中国玉饰文化的起源时期。目前夏代考古尚处于探索阶段，所出土的最精美的一件为柄形器，有着浓郁的石家河文化玉器的影子。河南偃师二里头文化遗址出土的玉柄形饰，通体分十节，纹饰精美。陶寺文化晚期的年代为公元前2300年至前2000年，分布于晋南地区，出土的组合头饰等，多为礼制性玉器，玉色以青白色为主。晋南地区是古史传说中尧、舜、禹活动的范围，其遗迹和遗物与中华文明的诞生有密切关系。

妇好是殷王武丁的妃，她同时又是一位军事指挥官，南征北战，为巩固殷王朝的统治做出了巨大贡献。她的墓葬1976年发现于河南安阳。此墓出土了大量的青铜器、骨器、象牙器，此外还出土了多件玉器，这是迄今发现殷玉最多的一个王室墓。其中出土装饰玉426件，玉料有地方玉、和田玉，和田玉的数量相当多，有200余件。从时代上分，玉器绝大部分是殷玉，也有早于殷的，如红山文化时期的玉器和石家文化时期的玉器，约早于妇好1000多年。

出自妇好墓的玉凤，通长13.6厘米、厚0.7厘米，呈黄褐色，浮雕成侧身回首状。

❀ 河南偃师二里头文化遗址出土的玉柄形饰

❀ 陶寺文化晚期的组合头饰

玉凤头饰花冠，圆眼，短翅，翅上雕琢剔地阳文羽翎，长尾舒展地扬起，胸前两孔，腰间有一突起的圆钮，上有小孔，可佩戴。玉凤身上的小孔，反映出商代人已比较熟练地掌握了镂空、钻孔、抛光等琢玉技术，不仅有器身内部的全封闭式镂空技法，还巧妙运用半封闭镂空在器身边缘制造独特的装饰效果。钻孔主要有桯钻与管钻两种，桯钻为单面钻，多施用于为佩戴而设的小穿孔；管钻为两面对钻，多用于制作较大玉制品时的掏心取料。玉器的抛光技法，应是用兽皮或丝织品蘸水并掺和细砂精心打磨。《山海经》中有"凤鸟首文曰德，翼文曰顺，膺文曰仁，背文曰义，见则天下和"的记载，可见凤不仅是高贵无上的象征，也是仁义德顺的化身。

妇好墓出土的玉凤

西周晋侯玉佩饰　　玉璜（春秋）

西周时期，玉文化沿着殷商的轨迹发展，在佩饰上出现了新变化。比如，西周晋侯玉佩饰，串饰形式多样，长度加大。贵族玉佩多以璜为主件，杂以珠管，也有以多种形式的玉片配以珠管制成。西周玉器中玉璜甚多，说明西周时期盛行玉佩。这是西周人受"君子比德于玉"、"君子无故，玉不去身"等社会思潮影响的缘故。

虢国是西周晚期重要的姬姓诸侯国之一，姬姓梁国之女嫁给虢国国君虢季为妻，是为同姓通婚。出土的梁姬夫人内棺之中，极尽奢华。梁姬夫人贴身覆盖和佩戴的玉器密密麻麻，令人目眩神迷。只见她头有发饰、耳上有挂玉、颈戴项饰、身佩组佩、腕戴腕饰、手握玉管、足踏玉圭；头下枕玉、口中含玉、腰下垫玉、足下踏玉、身旁散布着许多动物类玉，几乎动用了当时所有种类的玉器。梁姬夫人胸腹间所佩的是五璜联珠组玉佩，为虢国墓地所罕见。

君子是指才德出众、爱国爱民、高尚正派的文人，并非确指帝王，他们的出身、成分和地位也不一样。这个社会知识群体早在孔子生活的年代之前，已经找到玉作为象征自己的物质，以标榜自己是德行高尚、文质彬彬的正人君子，所以孔夫子云"昔者君子比德于玉焉"（见《礼记·聘礼》）。于是，君子必佩玉在身，以规范自己的言行不要越规出格，不遇凶丧之事不能将佩玉解下来。当时玉佩以玉璜（圆弧形玉器）为主，所用之玉多为片状小件，用粗细两种阴线对衬的手法装饰，给人以清新、简洁的艺术享受。

战国时期的现实主义玉饰

春秋时期（公元前770~公元前476年），玉器发生变化，以小件为主，装饰细密化，多作隐起处理，艺术手法仍是象征主义。战国时期（公元前475~公元前221年），尤其在晚期，玉器在装饰上发生了重要变化，即出现了现实主义的萌芽。

战国时期人们佩玉有很多讲究，一方面不同阶层的人所佩之玉是不同的，有着严格的礼制规范，如"天子佩白玉，公侯佩山玄玉，大夫佩水苍玉，子佩瑜玉，士佩瓀玟"；另一方面，佩玉的形式也很重要，特别是佩玉的系列组合是相当复杂的。一般来说，佩玉多为成串的组合，有时一串佩玉会由十件乃至几十件玉器组成。身上佩戴这种被编串在一起的玉器，走起路来铿锵有声。

1. 玉多节佩

战国时期的佩玉在全国各地均有出土，其中较为重要的墓葬如湖北随县曾侯乙墓、河南信阳长台关楚墓、河南辉县固围村魏国墓、河北平山中山国墓等。出土的佩

❀ 曾侯乙墓出土的多节玉佩（通长48.5厘米，最宽8.5厘米）

饰玉器品类有环、瑗、璜、玦、觿以及各种动物形和几何形佩饰。从考古发现中可以了解到，这个时代的佩玉不仅数量多、选材讲究，而且其生动的艺术处理和精妙的琢玉工艺等都可谓是空前的。战国时期和田玉的使用明显增多，尤其是王侯望族们的佩玉多使用和田玉，玉质温润有光泽，以青白色为多。如河南辉县固围村出土的一件大玉璜就是由七块标准的和田玉制成，玉色白而泛浅浅的灰，玉质细腻，光泽晶莹，被誉为"玉器冠冕"。当然，那些中小贵族所用的玉材则多为一些价格较低的地方玉。

❀ 五璜联珠组玉佩

战国佩玉制作工艺的精湛既体现在器物的造型设计上，同时也反映在装饰纹样的琢刻上。1978年湖北省随县擂鼓墩曾侯乙墓出土了约三百件玉器，其中多节玉佩堪称精美绝伦之作，是迄今发现的制作工艺难度最大的战国玉器。这件玉佩分为五组，分别由五块不同形状的白玉雕琢而成，并采用镂空套环、榫头和铜插销等配件连接成一串，全长达48.5厘米。更具匠心的是，琢玉者还把这些连接件设计成可拆卸的活环，必要时可以分成五个小型玉佩来使用。在造型上以夔龙、夔凤的形象为主，精致华美，每一细节的设计都很周密，镂空的分布匀称和谐，一丝不苟，不失为战国玉器之瑰宝。

2. 玉镂空龙凤纹佩

在战国佩玉装饰中，从外形到纹饰最多见的主题是龙，其次是凤、虎和蛇等。龙和凤作为中国人创造出来的神瑞动物在这时常常同时出现，而且组合得相当巧妙。如1977年安徽省长丰县杨公乡出土的玉镂空龙凤纹佩，器形扁平，形似璜的变异，主体为一条巨龙，弓形腹下安排了一对透雕立凤，长冠卷尾，相背而立。这种龙与凤的组合显得十分巧妙适合，也许对我们来说，它的本来意义已变得神秘而难以准确解释，但其艺术处理的效果却是一望而知的：疏与密、实与透、面与线等形式的处理都可谓是无懈可击，因此赏心悦目、独具美感。

🏵 1977年安徽省长丰县杨公乡出土的镂空龙凤纹佩（高6.8厘米，宽15.4厘米，厚0.3厘米）

3. 玉带钩

玉带钩最早见于良渚文化时期。战国时期，玉带钩的器型已经基本确立，即由钩首、钩身和钩钮三部分组成，并且普遍使用。这时，玉带钩已进入了发展期。此时虽然带钩纹饰内容变化比较丰富，但形制基本相同，时代特征明显。其器型多为长条形、琵琶形；长度一般在4~8厘米之间，8厘米以上的较少；通体感觉简洁明快、棱角分明、光泽度强。钩首一般高昂，常雕有龙首、兽首、鸟首等，头形较小；钩身较宽，大多素面或阴刻细线纹饰；钩背有方形钮或圆形钮。多数带钩在钩面两侧的边沿和钩首颈背两侧的边沿，都切削成微微的斜坡，既对称得体又平整美观。一般情况下，钩身的侧面与钩钮的侧面在同一平面上，即钩身与钩钮同宽。

这件鎏金嵌玉镶琉璃银带钩1951年出土于河南辉县固围村1号墓，是战国魏（公元前475~前225年）时期的饰品。这件带钩器型较大，通体鎏金，钩身铸浮雕式的兽首和长尾鸟，兽首分列于带钩前后两端，长尾鸟居带钩左右两侧。钩身正面嵌饰白玉玦三玫，玉玦中心各镶一粒半球形蜻蜓眼式的琉璃彩珠，钩身前端镶入用白玉琢成的大雁头形的弯钩作为钩首。带钩的制造工艺十分精湛，采用鎏金、镶嵌、凿刻等多种方法，将不同质地、不同色泽的材料巧妙配合使用，产生了绚丽多彩的装饰效果。它是战国带钩中的精品，极为奢华，反映了当时金银工艺的水平。

❖ 鎏金嵌玉镶琉璃银带钩（长18.7厘米，宽4.9厘米）

❖ 云纹兽纹青玉璜

4. 玉龙首璜

璜是一种弧形片状玉器，它的形状很像璧或环的一部分，所以在《说文解字》中将其解释为"半璧"。这件大玉璜——云纹兽纹青玉璜是魏国王室贵族生前使用的佩饰，由七块标准的和田玉和两个鎏金铜兽面组成，玉质细腻，光泽晶莹。中部五块玉的内心穿空以铜片缀连，两端兽首衔透雕椭圆形玉，中间一块玉上有卧状回首的神兽造型。这件玉璜琢工之精美、器型之大都属罕见，因此被誉为"古玉之巨擘"、"玉器之冠冕"，代表了战国时代玉器制作的最高水平。

秦汉玉饰气韵生动

萌芽于战国玉器之中的现实主义艺术手法,至秦、西汉有了巨大发展,完成了以气韵生动为特点的玉雕艺术品的创作。它的盛期大约延续了200年(公元前221~公元年前7年),在玉器史上是罕见的。目前尚未发现典型的秦代玉雕作品,但从零星的玉雕残件判断,它们在体量上远不能与秦武士陶俑相较量,但其艺术含量则堪与秦俑相媲美。汉承秦制,也构筑了中国玉雕史上一座光辉灿烂的丰碑,为唐宋玉雕艺术的繁荣打下了坚固的基础。

❀ 1986年出土于河南省永城县汉墓的黄玉镂雕舞人

◆ 琳琅斋杂记 ◆

✤ 透雕龙凤纹重环玉佩

汉代人崇尚道教、玄学，王公贵族祈求长生不死，渴望得道成仙。玉器的社会功用也发生了相应的变化，变成了联系生死、联系神仙与现实人间的桥梁。从某种意义上讲，玉器在汉代被神化到了顶峰，其社会功用也进一步扩大延伸，并在理论思维上日趋迷信。三国魏晋南北朝时期（220~589年），是战乱与安定并存的时期，佛教传入，百姓皈依，大兴造像，秦汉现实主义玉雕艺术的正常发展受到阻碍。

西汉前期的佩玉多讲究组合，从考古出土的情况看，有的佩玉组合数量较多，这当属先秦风尚的延续。自西汉中期以后，成组的玉佩逐渐减少，组合的形式也趋于简化。汉代佩玉的品种主要有各种透雕装饰的玉璧、玉璜、玉珠、玉人、玉环、玉管、玉觿等。特别是在艺术装饰上，汉代玉佩已达到了很高的水平。1986年出土于河南省永城县汉墓的一件黄玉镂雕舞人佩饰，高10厘米、宽4厘米、厚0.3厘米，呈乳白色，双面透雕，并以阴线刻出五官表情和服饰结构。姿态婀娜优美的舞女身着开衿长袖衣裙，一袖高扬于头顶，另一袖下垂，手置于腰间，长裙曳地。人物面部五官雕刻秀美淡雅，舞人身形毕肖，工艺精湛，具有很高的艺术感染力。汉代的乐舞十分发达，不仅官方设有专门的音乐管理机构，作为一种艺术活动的歌舞也相当流行，甚至皇帝的宠妃爱姬也常常是能歌善舞。因此，汉代舞蹈人物题材的玉佩十分流行，且具有很高的艺术水平。

南越国立于汉高祖四年（公元前203年），亡于武帝元鼎六年（公元前111年），前后共92年。第二代南越王文帝在位15年（公元前137~公元前122年），死后葬于广州象山。1983年，此处出土了大量文物，其中仅玉器就有200余件，器型有环、璜、佩、玉具、剑饰等饰品，其中有不少是首次问世者，非常珍贵。其做工精美细腻，堪与徐州狮子山楚王墓出土玉器相媲美。

这件透雕龙凤纹重环玉佩是南越王博物馆的"镇馆之宝"，本覆盖在墓主头罩的右眼位置，由青白玉雕刻而成，土沁呈黄白色，直径10.6厘米、厚0.5厘米。玉佩呈圆形，以圆圈分隔内外两圈，所以被称为"重环"。内圈中央为一条游龙，两爪及尾伸向外圈。游龙张开的前爪上站立了一只凤鸟，回眸凝望游龙，两者似一应一和。游龙的冠、尾羽和后爪也伸向外圈，冠及尾羽上下延伸成卷云纹，把外圈顶端空间填满。后爪为了不破坏与卷云纹"呼应"的效果，不表现其尖锐的爪子，因此形成了整体的

◆ 琳琅斋杂记 ◆

❈ 汉代独玉镂雕龙凤呈祥

古代独玉镂雕龙凤佩（一对）

和谐感。这块玉佩玉质圆润，工艺制作精美甚至完美，龙凤造型简约又符合美学标准。玉佩运用的卷云纹是当时的"流行"纹饰，龙居中、凤居侧的安排又表现出汉代开始以龙为主的观念。更重要的是，这件玉佩采用了镂雕工艺，构图完美和谐、主次分明、细节精美，是汉玉中不可多得的艺术珍品，足以代表西汉玉器工艺的水平。

龙是中华民族的图腾之一，龙的形象在中国古代各民族的传统中都含有吉祥和驱邪的寓意。在司马迁的《史记》中曾有这样一个故事：汉高祖刘邦在出生之前，其母刘媪曾梦与神游，是时雷电大作。刘媪的丈夫在闪电光中见一蛟龙伏于妻身上，后刘媪有孕生刘邦。刘邦当皇帝后，国号称"汉"，说自己是龙的儿子，皇帝自称"真龙天子"，就附会于此说。因此，汉代出土的玉雕"龙凤呈祥"也比较多。

隋唐宋形神兼备

隋、唐（581~907年）时期的玉文化和玉器艺术，在秦汉现实主义思潮影响下，出现了非常繁荣的局面。青出于蓝而胜于蓝，隋唐的玉器在艺术上注意内心精神的刻画，以突出神似为己任，区别于汉。于阗国的玉器工艺也是高度发达，在艺术上、形式上都有所创新，非同凡响，经常向唐帝国进贡玉料和玉器。宋代（960~1279年）玉器在继承唐代重体量、重神似的基础上又有了前进。

玉带饰是装饰于腰带上的玉饰件，它既是装饰品又是实用器，同时代表着佩戴者的身份。北周若干云墓出土的八环蹀躞玉带，是迄今所见最早的玉带。隋、唐、五代的玉带有蹀躞带、玉革带、玉梁宝钿带、大带等。天子玉带二十四銙（銙是指嵌钉在革带上的方形或椭圆形玉板），二品以上的诸侯王、将相许用十三銙而加两尾。但从出土唐玉带来看，有十六銙、十五銙、十四銙、十三銙、十二銙不等，似十三銙居多。唐代玉带銙多用下弧地，图像隐起，称为池面带銙，这是玉雕上的新手法，疑来自于阗玉銙，一直延续到元代。

唐伎乐狮纹白玉带，带板雕内斜框，平地，隐起做工。腰圆銙中九件雕伎乐胡人，一件雕蹲狮，正方銙与獭尾均饰胡人纹。从做工看，当为唐代玉工仿于阗胡人池面玉带板所作，为突出主体量感而用图简括，只是略嫌粗犷。

宋代玉带板承继唐代制度，但在图案上有所变化，在艺术风格上也达到了形神兼备的境界。

唐宋时期玉器某些初露端倪的吉祥图案，尤其是玉雕童子和花鸟图案的广泛出现，为以后吉祥类玉雕的盛行作了铺垫。莲花和童子合在一起，恰好表示连连得子的吉祥寓意。喜庆、祥和的玉器吉祥图案获得上自帝王下至普通市民阶层的普遍青睐。龟有长寿之意，也是一种重要的祥瑞之物。辽、金、元时期各地出土的各种龟莲题材的玉雕制品，就是雕龟于莲叶之上。

元朝的玉器艺术仍在形神兼备的创作道路上前进，仅在做工上较为粗放。至明清时期，我国玉雕制作工艺发展到了顶峰。明代使用三层透雕法，纹饰为前代所不及，常见有松、竹、梅、缠枝花卉、麒麟、人物、鸟兽等纹饰，有些玉佩饰上增添了福、禄、寿等吉祥寓意字样，品种也是多种多样。清代特别是乾隆年间的玉雕工艺，更有新的发展，这时在玉材选料、加工、磨光等工序上更加讲究，雕琢得更为精细玲珑，令人喜爱。

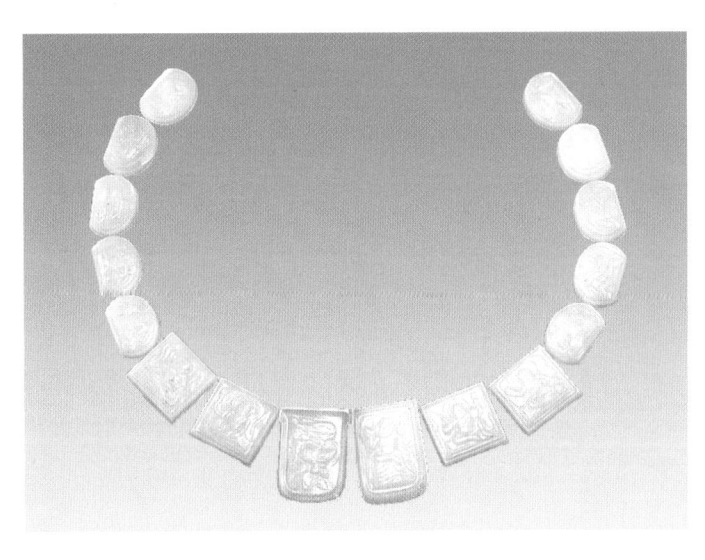

❀ 伎乐狮纹白玉带（獭尾背面长4.8厘米、宽3.8厘米，正面长4.7厘米、宽3.4厘米、厚0.5厘米）

和田玉疯狂炒作的冷思

和田玉源头市场热起来

近年来，新疆和田玉价格大幅飙升，连续十年每年升值50%，且强势不减。从2006年下半年开始，价格增速明显加快，和田玉籽料价格先后累计涨了400%。"乱世藏金，盛世藏玉。"行家预测，相比时下火爆的股票、普洱茶市场，和田玉作为不可再生资源，且经过四千年的采挖，如今开采越来越困难，市场供应不足，其价格还有很大的上涨空间，因而有望成为投资收藏的热点。

乌鲁木齐是全国最大的和田玉集散地。据新疆宝玉石检测研究中心介绍，仅去年送到该中心检验的宝玉石制成品，就价值15亿元，这还不包含玉石原料。原料大都是地下交易，交易额也很惊人。

随着原料市场的开放，当地挖玉的老百姓越来越多。有用坎土曼（当地一种简陋工具）的，也有用推土机、挖掘机的。有人挖了几年都一无所获，也有人挖到了极品，总的来说收获很小。即使这样，现在的产量仍比20世纪70年代的要高出10倍。2002年7月，和田挖玉的老百姓挖出了一块30多千克的特级羊脂玉籽料，并以650万元人民币售出。

现今的和田市，已经为玉石所包围，不管是大人小孩都懂玉，个个都是"行家里手"，玉石买卖已经成为当地人的生活中心。好玉一般要倒三手：挖玉人基本是由老板雇用，老板管吃管住，并支付一定数额的工资；挖出来的玉由老板卖给当地的大玉贩；大玉贩再卖到乌鲁木齐和国内其他地区。在和田地区，身价百万的少数民族玉石商人有百人以上，身价千万的也有十多位，拥有洋房、高档轿车已经不是什么新鲜事了。

和田玉籽料价格扶摇直上

改革开放以后，和田玉原料需求的增加已导致和田玉原料出现供不应求的局面。1985年以后原料市场已经基本放开了。近年来，内地有许多商人前往新疆这个矿产资源丰富的地区"淘金"，大量收购和田玉原料，带出疆后加工出售。

在20世纪50~60年代，和田玉山料每千克只卖三四元人民币，籽料每千克也就50~100元。到了20世纪80年代，1千克好的籽料卖到200多元；20世纪90年代，同类籽料1千克已涨到2000元；现在1千克籽料已经卖到20万元了。籽料价格在1980~2000年的20年间上涨了1000倍。2002年，一块720克的特级羊脂玉籽料卖到了17.5万，40多克的一小块玉2.8万元成交，已比黄金贵很多了。

和田玉价格连年来涨幅很大，几年前开始按克计价。2006年，1克和田白玉的价格是黄金的4~10倍。目前，和田羊脂玉的市场价格已经高达200余万元每千克，若是带有红、黄色皮的籽料，价格还可上涨数倍。带色的和田玉籽料皮，成了单位面积内"世界上最贵的皮"。

从国内拍场上来看，截止到2007年，最贵的羊脂玉籽料为北京嘉信2006年秋拍上一块重130千克的籽料，以4950万元成交，创下了和田玉的最高拍卖纪录。北京嘉宝2006年春拍上，一件清乾隆羊脂白玉八仙抱月瓶也拍出了528万元的高价。

世界两大龙头拍卖行佳士得、苏富比推出的玉器专场的拍卖成交率，也让我们深刻感受到和田玉器的无穷魅力。2000年，香港佳士得秋拍会上的"白脂翠玉300年专场"成交总额4540万港币，成交率高达99%。从此开始，玉器市场便稳步增长，单品的价格节节升高。2003年7月，香港佳士得拍卖的一件清康熙御用田黄玉石印章一套12方，拍出了2262多万元的高价；另有一件清乾隆和田白玉活环双龙耳万寿纹碗，拍了2048万元。

❀ 白玉夔龙纹兽耳活环瑞兽盖瓶　　　　　　❀ 白玉夔龙纹兽耳活环如意盖瓶

◆ 琳琅斋杂记 ◆

❀ 和田玉龙凤嵌金丝带钩

❀ 白玉嵌金丝带铭佩

近几年来，和田玉价格暴涨，其中有几个原因：一是资源稀缺，二是市场需求量大，三是购买力及价值取向的改变。其中，尤以资源稀缺为主要诱因。

发源于昆仑山的玉龙喀什河，即古代著名的白玉河，是出产和田玉的主要河流，盛产和田羊脂玉。在一路飙升的玉价和一夜暴富的故事诱惑下，各地的采玉人近20万来到玉龙喀什河采玉。有媒体报道，最多的时候河床上汇集了近30万人。大型挖掘机将河床一片片翻开。当地老农反映："河床从表面可以一直挖到二三十米深，所有的沙土还被一轮轮筛子筛了无数遍，绿豆大的籽玉也休想漏网。"居住在玉龙喀什河岸边的农民介绍说，在过去5年中，玉龙喀什河河床已被翻了不知多少遍了，现在能挖到的籽玉越来越少。滥采乱挖已使盛产和田玉的玉龙喀什河千疮百孔，生态植被遭到严重破坏。

这种耗尽资源式的掠夺性开采再不禁止，亿万年沉积玉龙喀什河的和田玉将很快被掏尽。针对滥采乱挖玉石的现象，2006年下半年，国土资源部下发限采令，大型机械全部从河床中撤出，当地政府也采取发放"采玉证"来限采。就在当地政府出台禁令不让大型挖掘机械进入玉龙喀什河的当天，和田玉籽料的价格就开始明显上涨。受到和田地区出手治理挖玉之"祸"的影响，当地众多玉石店已开始待价而沽，而国内和田玉的需求量不降反升，更是加大了玉价上涨的可能。目前，很多玉石经营户已把和田玉籽料撤下柜台，等待升值。

同时，我们看到一些现代的玉器新品出现价格飞涨的现象，一方面是由于资源的减少和人们投资需求的增加；另一方面，一些新玉以优质材料和高档工艺取胜，也具有一定的收藏价值。

和田玉市场以假乱真

和田玉的销售市场主要分布在北京、上海、广州、乌鲁木齐、南京、杭州和扬州等几个城市。在乌鲁木齐市，经营和田玉的商户有一百多家，以宝地宾馆、国玉城、白玉城为商圈，形成了和田玉的专卖市场。但是，无序竞争、乱杀价使得市场很不规范，再加上自20世纪90年代以来，俄罗斯玉、青海玉进入市场，给和田玉市场带来了一定的冲击。

和田玉"纳百财"

玉跪跽裸人

和田玉主要是指新疆和田地区黑山和玉龙喀什河里产的玉石，但现在有很多不法商人只求眼前利益，从内蒙古的满洲里大批进口俄罗斯玉，并把价格差异很大的青海玉和俄罗斯玉冒充和田玉销售，以假乱真，严重影响了和田玉的信誉和市场营销。前往和田的爱玉之人，购买初衷必是奔和田白玉而去，但最后落在手里的不一定都是产自和田的白玉，更谈不上是玉龙喀什河里的珍稀籽料。

如果你有机会走进乌鲁木齐的友好路、中山路、华凌市场、南门市场等玉石交易场所，你会发现这些地方的玉石价格都有很大的弹性空间。在南门附近的一家大型珠宝玉器店里，一只看似精致的手镯，附有详细的质检证书，销售人员竟然要价15000元。那么，是否真的就值这么多钱呢？再到友好路的一个玉石收藏品交易市场问一个小挂件多少钱，老板却说："我们这是批发的地方，你就给上10元吧。"在长江路、商贸城等几家玉器店里，白玉摆件的价格每件都在上万元，而营业员给顾客承诺的"六折"、"四折"声不绝于耳。

事实上，华凌市场的玉器交易点前，被商家称为"白玉"的挂饰实际是用巴玉雕刻而成的，成本只有几元钱。可有些柜台居然叫卖到几十元甚至上百元一个。路边卖

如意璧

几块钱、十几块钱的玉镯子、玉挂件，都是乳化玻璃、石英岩做成的，每件成本不超过2元钱。目前新疆标价5元或10元的和田白玉全是假货，标价几百元的羊脂玉手镯有些也是用替代材料加工的。

和田玉市场迷雾重重

目前青海玉年产量在1000~2000吨，占中国市场份额最大；海关统计俄罗斯玉的年进口量在500吨以上，市场占有率仅次于青海玉；新疆和田玉（矿）的年开采量在100~200吨，籽玉年产量不足15吨，两者相加所占的市场份额不足15%。

目前，俄料的市场价每千克在一万元左右，青海玉每千克为四千到八千元不等，而新疆和田白玉的价格每千克三万到五万元，和田籽玉更是早已按克论价，每克都上万元甚至几十万元不等。

当今中国玉石市场是个"秘境"，外行人很难摸着门道，无论是玉价还是玉质都深浅难测，一般人不敢轻易涉足。因此，许多人期待有一个明确的标准，好让人放心购置、安心消费。新"国标"似乎更让消费者摸不着头脑。新标准将"和田玉"统冠所有理化性状为透闪石的玉料，包括新疆和田玉、青海玉、俄罗斯玉。新疆宝玉石协会秘书长易爽庭说："这三种玉没有本质的区别，都是含铁和氟的钙镁硅酸盐，且都是产自昆仑山一线。"这让真正喜爱新疆和田玉的"玉痴"很不乐意。乌鲁木齐一位好玉的藏家认为，在玉料品质、市场价位上，和田白玉与青海白玉、俄罗斯白玉有着巨大的区别，即使是新疆玉，也有和田玉、且末玉、于田玉、叶城玉之分。新标准没有完全反映目前和田玉市场的实际情况，只有颜色的分类而没有等级划分，技术部门不好操作，消费者的权益更难保护。产地不同，料质和价格就有天壤之别，怎能以一个"和田玉"一概了之？

在中国，和田玉的使用至少有七千年的历史，是中国玉石文化的主体。和田玉质地十分细腻，光洁滋润，颜色均一，柔和如脂。巍巍昆仑山是和田玉的唯一产地。有专家探测预计，昆仑山的玉石资源达上亿吨，绵延一千二百多千米，玉石矿藏量居世界首位。产自昆仑山脉的玉石被统称为和田玉，但只有产自新疆境内的和田玉才能是真正的和田玉，产自青海或俄罗斯境内的山料被行业内称为青海料、俄料。新国标会使消费者被"忽悠"的几率再次增大，不法分子钻空子、浑水摸鱼，以青海白玉、俄罗斯白玉冒充新疆和田白玉的行为将变成合法，价格欺诈的情况只会加剧。

如何分辨高低贵贱

和田玉夹生在海拔3500~5000米高的山岩中，经长期风化剥解为大小不等的碎块，崩落在山坡上。每年5月到8月，昆仑山上的雪水融化以及下雨产生流水，将这些碎料冲刷入河水之中。和田玉可分为籽玉和山料，人们把在河床中采集的玉块称为籽玉，在岩层里开采的称山料。一般说来，籽玉因被水长泡侵蚀，质地细密滋润，呈半透明状，纹路少，紧密度高；山料是直接从山上开采出来的，质地较干，较粗糙，不透明，纹路偏多，系炸药炸开之故。

玉石一般分为软玉和硬玉，新疆和田玉为软玉的代表，硬玉则多指缅甸产的翡翠。和田玉按照颜色可分为白玉、青玉、墨玉、黄玉、碧玉五种。其中白玉是和田玉中特有的高档玉石，极为罕见，色越白越好。白玉又分羊脂白玉和青白玉，其中又以羊脂白玉最为珍贵。羊脂白玉因质地细腻、洁白油润，色泽似肥羊凝脂而得名，是和田玉中之极品，其经济价值几倍于白玉。汉代、宋代和清乾隆时代都极推崇羊脂白玉。

比较好的籽料外覆盖着一层"皮子"，有浅黄、红黄、红色以及褐色等多种，其中金黄的皮子最好。因此我们也可根据皮子对籽料优劣进行简单区分。但是鉴别和田玉最重要的是要看质地，从质地上进行分辨，一块好的和田玉，其具体标准一是要体如凝脂，二是要精光内蕴，三是要质厚温润，四是要坚硬细密，具备这四个要素的就是好玉；反之，质地粗糙的、干干的、内里不蕴含一种精光、外表不细腻温润，便是劣质玉。

此外，成品的玉器，雕工也是非常重要的因素。不同时代的玉器有不同的纹饰、造型和做工，它们所蕴含的历史文化内涵有时要超过玉本身的价值。

◆ 琳琅斋杂记 ◆

❀ 白玉"马上封侯"

投资者入行须谨慎

前几年买的和田玉,升值2~3倍算少的,升值5~6倍也只能算一般,升值10倍以上的也不在少数。那些较早经营和田玉的商户几乎都成了百万富翁,绝大多数成了千万富翁,更有甚者成了亿万富翁。显然,和田玉已经成了继房产、股票、字画、黄金之后的又一个投资热点。精明的上海人现在都说:存钱不如存和田玉,买股票不如开玉器店!

在近年来和田玉大幅升值的背后,也不乏一些投资者的揣测:和田玉会不会像普洱茶一样,人为炒作的成分太多;其幕后是否有操控之手;是否有崩盘的危机?一些行家认为,普洱茶和和田玉的最大区别,在于一个是可再生的,一个是不可再生的。和田玉是挖一块就少一块,物以稀为贵,价格自然要上涨。未来几年,和田玉将是海内外收藏界的热门之一,所以上升空间还很大。

同时,一些收藏爱好者会认为,玉价飞涨的背后其实有专门的"炒家",他们彼此之间互相炒作,拿少量的精品倒来倒去,使价格大幅飙升,然后让普通的玉价也跟着上涨。目前的和田玉"水很深",没什么经验的普通投资者想从中赚钱,可以说相当难。这样炒来炒去,本质上玩的是击鼓传花游戏,最后的高价接盘者完全可能被套牢。

和田玉暴涨,其实是在透支未来的升值空间。和田玉的价格眼下已是高位,风险正在累积,特别是普通玉的升值前景并不乐观,投资者需要警惕大的风险出现。

翡翠——「缅甸身,中华魂」

明清时期，达官贵人佩戴翡翠象征身份和地位。今天，人们佩戴翡翠是一种时尚、一种品位。随着人们生活水平的提高，翡翠的消费量越来越大，加上缅甸翡翠资源的日益枯竭，翡翠越来越"奇货可居"！

拍卖市场饱受追捧

近十年来，由于缅甸出产高档翡翠的玉石矿产面临枯竭，翡翠的价格平均上涨了几倍，部分珍品上涨了几十倍。特别是20世纪90年代以来，人们越来越认识到高档翡翠所具有的保值、增值价值，一些冰种翡翠精品价格竟上涨百倍甚至千倍。

1978年北京玉器厂王树森老人琢磨的一对翡翠玉佩，每块高约3厘米，宽约2厘米，背面分别刻有"龙凤呈祥"、"福寿双全"字样，在香港市场的售价高达100万美元，轰动一时。1989年在香港苏富比拍卖会上，一对晚清的苹果绿夹翠绿高档手镯，成交价高达1232万港元。1994年佳士得在香港举行拍卖，一条特大翡翠珠子项链的成交价为3302万港元。1995年10月香港佳士得拍卖会上，一条由195颗珠子组成的三行翡翠珠链吸引了各路藏家特别是明星们的关注。该珠链估价高达1500万至2000万港元，经过激烈竞争，结果被香港著名影星关之琳以1652万港元的价格收入囊中。在1997年香港佳士得秋季翡翠首饰拍卖会上，一串由27颗纯翠绿翡翠组成的珠链，珠链上配着一颗10克拉的钻石链扣，拍出了7262万港币。在1999年香港佳士得秋季拍卖会上，一枚椭圆形蛋面翡翠戒指以1850万港币成交。在2004年北京翰海秋拍上，一只乾隆年间的翡翠雕双凤耳二龙戏珠纽三足炉以385万元的高价成交。而在上海崇源的一次拍卖会上，一串罕见的老坑玻璃种质的翡翠珠链以143万元的价格拍出。

翡翠艺术品在国际、国内拍卖会上均被列入重要拍品之列。相关数据表明，2006年以来翡翠价格年均保持30%~50%的增长，2007年到2008年，高档翡翠价格又上涨了50%。2007年春季，香港佳士得珠宝翡翠专场拍卖的成交额达到了2.91亿元；到了秋季，其珠宝翡翠专场上拍的367件珠宝，总成交额3.64亿元，成交率79%，排名前十位的成交价都超过了千万元。

目前大部分消费群体还没有到拍卖行购买高档翡翠的习惯，而专业收藏人士关注的往往是老的翡翠艺术品。从拍卖预展的参观人数来看，人们对现代翡翠的关注程度在不断增加。

缅甸翡翠资源日益稀缺

由于翡翠的储量非常有限，稀缺性和资源的不可再生性决定了它特有的投资价值。翡翠的产地非常少，日本、危地马拉、美国、俄罗斯均有出产，但全球95%以上的翡翠原石和成品来自缅甸。能达到珠宝级的翡翠只产自缅甸的帕敢地区方圆100平方千米的狭长地带，至今主要有八个矿场区，分别为龙肯、达木坎、会卡、帕敢、香洞、后江、南其、雷打，开采矿洞达数百个。

雾露河流域的两岸古河床及河床阶地，沉积着黏土、砂、砾层，厚度一般达25~30米，是次生翡翠砾石的主要产出层位。这些翡翠砾石在氧化环境下，不同的质地形成不同的风化壳（皮壳），壳层矿物产生次生变化，浸染出了不同色泽。由于翡翠砾石经过了搬运、磨蚀作用，松软的已被剥离，保留下了坚硬部分，因此翡翠砾石质地一般都较好，有的也称老种。据地质资料分析，形成于高压低温条件下的硬玉岩，产出于欧亚板块与印度板块的碰撞挤压所形成的一系列断裂带中。

龙肯矿场区是最有希望找到新矿的地区之一，许多新的矿脉在这里被发现，天龙生翡翠就形成于此区。天龙生翡翠是近年来缅甸发掘出的新的翡翠品种之一。1991年缅甸村民在龙肯地表发现绿色土，成为找矿的苗头；1993年缅甸政府开放翡翠市场；

❀ 白菜（百财）

❀ 旺财

1994年在绿色土下发现矿体，先后采洞二十余个。矿体呈带状，似龙盘绕，当地狂呼"天龙降生"。1999年，天龙生翡翠料出现在仰光、香港市场上。但由于采掘量巨大，天龙生翡翠于2000年基本采尽，矿料被一些老板囤积，市场上的矿料仍在不断交易中。天龙生翡翠由于绿色鲜翠，可制作成满绿饰品而倍受青睐；但又因总体透明度较差，反而受到限制。

❀ 五谷丰登

作为一种不可再生的宝贵资源，翡翠经过数百年的开采，已经日趋减少，老坑矿口出产的好翡翠更是越来越少，据称现在最深的矿坑已经挖到200米深的地下。古代手工开采，每年仅开采出个位数的极品翡翠原石。现在采用高新设备，一座山半年就被夷为平地，但高品质的翡翠依然难觅踪影。因此，无论是收藏市场还是大众消费市场，翡翠的价格均一路看涨、居高不下。翡翠的保值、升值潜力显而易见。

❀ 花开富贵

◆ 琳琅斋杂记 ◆

❀ 翡翠挂件

- 86 -

❈ 和气生财

❈ 硕果累累

❈ 紫气东来

我国翡翠文化始于明盛于清

据说,"翡翠"是一个中国生意人的偶然发现。他在云南边境做生意,经常往返于中缅之间。有一次他又去了缅甸,回来时,骡子驮篓一边的东西卖完了,而另一边的东西几乎没卖动,为了保持驮篓的平衡,他就在路边随便拣了一块大石头放在空篓里。回家后,商人卸下驮篓,就将那块石头随便扔在地上。石头正巧被摔成两半,露出了碧绿的玉石。这就是翡翠的来历。

我国使用翡翠的历史大约是从明代开始的。迄今发现年代最早的翡翠制品是北京明定陵出土的翡翠如意。旧时翡翠多为皇室所有,流散到民间的甚少,故翡翠又被称为"皇家玉"、"帝王玉",其地位凌驾于各种宝石之上。

至清代,翡翠才得到空前的重视。从王公贵族到文人雅士,都对翡翠情有独钟。目前我们能看到大量清代的翡翠制品,如一些官员帽顶上的翎管、胸前的朝珠、手上的扳指,甚至鼻烟壶、烟袋嘴等,使用的都是质地优良的翡翠。慈禧太后对翡翠的迷恋则更是到了无以复加的地步。传说当时有位进贡者将一枚很大的钻石头饰献给她,却没有得到她的欢心,而另一位进贡小而精美的翡翠饰品的官员却得到宠爱。从此,各地向朝廷进贡的人都选择上等翡翠作为贡品,以博得她的欢心。慈禧生前如此,死后也不例外。据她心腹大太监李莲英的《爱月轩笔记》记载,以及陵墓发掘资料佐证,慈禧陪葬的翡翠精妙绝伦、空前绝后。她脚下有翡翠西瓜两个,长15~20厘米,皮是翠绿色的,瓜瓤是红色的,其中还有几粒黑色的瓜子,一切都天然巧色,据说在当时值500万两白银。慈禧的身旁还有翡翠白菜两棵,绿叶白心,菜心上落着一只满绿的蝈蝈,绿叶旁还有两只黄色马蜂,形象极为生动逼真,其价约在1000万两白银。另外,还有一件翡翠荷叶与四个甜瓜,从而构成了"步步生莲花"的意境。这些国宝在辛亥革命后因军阀孙殿英盗掘而流失,至今下落不明。

中国的翡翠交易市场

众所周知,随着中国经济的高速增长,消费者对珠宝玉器的需求日益增大。据中国宝玉石协会提供的资料显示，翡翠虽产自缅甸，但市场却在中国，中国已成为全世界最大的翡翠消费市场。从数量上看，90%的翡翠原料被中国内地买家买走，80%的原材料在中国内地加工销售。中国正逐渐成为全球主要的高档翡翠消费市场。中国的翡翠成品销量占全世界的七成以上，翡翠加工量占全世界的八成以上。

据不完全统计，中国翡翠毛料年需求量和加工量近万吨，加工从业人员以百万计，加工基地遍及全国各地，且规模扩大呈上升趋势——中国已成为全世界最大的翡翠加工基地。目前，我国已形成了以腾冲、瑞丽、揭阳及四会为代表的翡翠加工生产及贸易基地。

特殊的区位、资源优势，造就了云南魅力无限的翡翠文化和产业。调查显示，云南大小珠宝企业目前达6000多家，从业人员接近40万人，年销售额在人民币70亿元左右。作为缅甸政府开通的唯一一条翡翠陆路出口通道，瑞丽的翡翠年交易额突破20亿。从过去到现在，凡是销往内陆及沿海的翡翠成品、半成品、原石，几乎都是由云南转口出去的。近十年来的统计表明，云南每年出省的翡翠原石占总数的70%，成品占20%，宝石或半成品占10%。从2001年起，翡翠成品已返销缅甸各地，并主要销往亚洲各地和其他华人聚集较多的国家及地区。

（本文发表于《收藏界》2008年第10期）

东方翡翠融入西方文化

翡翠，自古以来就蕴含着神秘东方文化的灵秀之气，有着"东方绿宝石"的美誉，被人们奉为最珍贵的宝石。随着品位的不断提升，人们对翡翠饰品的要求也越来越高。时下的翡翠设计，大胆融入了东西方的文化元素，根据不同的玉种、硬度、颜色进行搭配和运用，更加多元化、多样化，突破传统，更具时代气息。

翡翠的东方神韵及束缚

中国人喜爱翡翠之绿色。绿色代表和平，代表生命力，绿色配合翡翠细腻和透明如水的质地，让人十分陶醉。翡翠与黄种人的肤色相配，最能衬托人的美。女士们佩戴翡翠会显得十分高贵，《诗经》中有"巧色之瑳，佩玉之傩"，用来形容女士相貌姣好，举止端庄优雅。通过翡翠的不同造型，人们品味其中的文化内涵。

由于玉文化在中国影响深远，中国人的传统观念仍然深深地受其所限，所以在设计上很难有大的创新。这主要体现在过于西化的或夸张的饰品在市场上并不受宠，人们喜爱和购买的仍是传统造型的饰品。这对设计师来说是一个极大的挑战，如何设计出不脱离传统而又富有现代气息的作品，是他们面临的主要问题。

翡翠质地细腻纯正，而且稀有，所以它本身就极具收藏和观赏价值。人们在购买翡翠的时候更加注重翡翠本身的质地和价值，大多数顾客需要的是少金属镶嵌、无造型的简单主石，因此设计的风格也变得不是很重要。设计师经常能碰见这样的顾客：明明是一个设计非常独到的款式，但是顾客却执意要求去掉旁边的饰物。似乎在顾客的观念里，既然是买翡翠，就应该只买翡翠，旁边的东西都是多余的。这就让设计师陷入一个难以取舍的僵局。

翡翠体现东西方文化差异

钻石是西方人最爱的珠宝，它在西方人的眼中是财富、是美丽，也表达着希求永恒的感情。翡翠是东方人最爱的珠宝。在东方人眼中，翡翠是财富、是美丽，还有一种神秘力量，能够使佩戴者和拥有者避凶趋吉。认真比较这两种不同文化背景中的珍宝，还是很有趣的。

玉文化虽然在中国及东南亚国家历史悠久，但是在西方还未普及。这与文化习俗和民族观念有密切的关系。玉在目前只是被中国以及周边东南亚国家的人们喜爱。翡翠远不及钻石的消费群体多，这也造成翡翠设计的局限。翡翠是东方人最喜爱的宝石，东西方文化的差异使翡翠的受众有很强的地域性。

现在市面上大部分的翡翠首饰仍拘泥于传统的款式，相对于钻石和其他有色宝石

❀ 翡翠戒指

首饰千变万化的款式，未免给年轻消费者以过时的感觉。我们经常听到很多少女说："翡翠买给妈妈戴还可以，我可就不会戴了。"还有些西方人见了传统款式的翡翠，就会好奇地问这款式代表什么，然后就会说："Too Chinese！"他们会说出很多不同的想法请我们制作。这就反映了现代翡翠设计的局限性，不仅让年轻消费者望而却步，也使得翡翠市场仅仅局限在华人圈子里而未能令国际市场广泛接受。

翡翠没有被全世界认同和接受，其市场只是局限在中国和东南亚大部分地区，原因当然是多方面的。我觉得过于悠远的历史文化传统可能是一个制约因素。印象中的翡翠除了有些神秘，亦透着一种保守的气质，大部分人对之有可望不可及的疏远感。它的平淡与难以创新，并不与流行、热点等词语相关。翡翠设计也一直被局限在中国传统的造型和纹样中。我想，翡翠设计完全可以增加一些新鲜时尚元素，让全世界都对这种珠宝产生佩戴的欲望。

翡翠设计要打破文化隔阂

美，没有国界。20世纪初至70年代，翡翠雕琢工艺技术的发展促进了镶嵌首饰的繁荣，受西方文化影响而呈现出纷繁复杂的特点，镶嵌工艺上配饰增加，人们更加追求华贵富丽的感觉。发展到今天，翡翠饰物的设计风格已经在早期席卷而来的西方文化的影响中逐渐成熟，除去盲目性，向更具个性化的方向发展。虽然翡翠首饰的加工方法依旧，但是设计上趋向于多元化，既吸收了外来文化中很多优秀的东西，又保留了传统民族文化的特色。为了破除翡翠消费的地域局限，打破文化带来的隔离，让世界上更多的人认识到翡翠的魅力和稀有，并且热爱和收藏翡翠，只有综合运用东西方的文化观念，试着从各方的角度介绍翡翠、刺激人们对翡翠的追求。

1. 充分发挥翡翠的色彩美

翡翠颜色多样，与世界流行趋势不谋而合。利用其多色性，我们可以充分展开想象，抛去一些固有的严肃，让翡翠也时尚起来。我们可以大胆运用翡翠的颜色，利用翡翠的色彩创造出多色的饰品，设计出一些具有现代造型美感并符合世界流行趋势的全新首饰。

绿色是大自然的颜色，寓意着和平与希望，大牌设计师们也都纷纷使用绿色调作为夏季色彩的主旋律。像青苹果一样青涩的绿，以及像一滩碧水一样的翠绿，亮丽的颜色，光芒的活力，无不带给我们春的气息。自然的力量是永恒的源泉，为设计师们提供了源源不断的灵感。那跳动在我们视野里的灵动的色调，总是使人诗意缠绵，思绪飘飞，伴着大自然的纯净，高远的旋"绿"走入斑斓的梦境。梦醒时分，韵"绿"依旧。在色彩学里，绿色和红色是对比色。不少画家和设计师喜欢将红与绿搭配使用，要么营造一种视觉上的强烈冲撞，要么创造一种和谐背景下的小范围对比，以突出重点。在首饰设计上，我们也可以运用这种对比，寻求多种可能的组合。

此外，翡翠除了常见的深浅不一的绿色，还有红、黄、白、黑、灰、蓝和紫之分，各色中又有深浅之别。这样变化多端的颜色，完美地组合在一起，能使时尚感提升好几个百分点。

2. 充分赋予翡翠造型美

由于翡翠非常珍贵，所以刻磨时往往保持其原有的形态。设计师也由此产生丰富的想象，从而设计出一些夸张或生动的形态，将翡翠的颜色和形体完美地表现出来。而且，翡翠不同于钻石，它具有很强的可塑性，人们可以在设计的同时赋予其个人的感情和意愿。可以说，每件翡翠饰品都是一件艺术品。正因为翡翠的独一无二性，翡翠设计比钻石设计更具有趣味性和特有性。

在历届"国际时尚翡翠设计大赛"中，大部分的设计作品是将翡翠雕刻成设计需要的形状，表达出不一样的设计灵感，也让翡翠更加时尚起来，给我们不一样的感触。

3. 将翡翠与钻石、宝石、铂金等进行巧妙搭配

除了丰富的颜色之外，翡翠还有一种特别漂亮的冰种质地，使得整个翡翠冰清玉洁、圆润天成，朦胧中透出一种柔和的完美。利用这样一种特质，设计师们常将冰种翡翠和西方高档红宝石配合，颜色搭配非常漂亮，红色的衬托使得有些苍白的

翡翠更有了灵性，而且极具时尚性，让翡翠迈出了由本土化走向国际化的一大步。颜色、质地和大小的对比，既使红宝石光彩强烈但又不喧宾夺主，又让翡翠得到淋漓尽致的表达。

设计师也在传统潮流中寻求突破之美，将翡翠与钻石、铂金等进行巧妙搭配，奢华珠宝与翡翠相映成辉。

4. 引进西方技术镶嵌翡翠

随着时代的进步，西方的首饰行业的迅猛发展，制作工艺也是丰富多样。由此，一些国内尚不能完成的工艺和技术逐渐得以实现，一些国内以前尚未用过的镶嵌手法和制作技艺也被采用。因此，在翡翠镶嵌方面引进这些先进的技术也是创新求异的一个途径。

不断继承和弘扬翡翠文化

年龄介于20~30岁的新生代年轻消费群体，生活在物质条件比较优越的环境下，对自身的形象及佩戴物品往往有独到的看法。他们要求佩饰款式活波、新颖、形式简洁、富有时代气息、充满潮流触觉、能体现自我风格的饰品。他们购买翡翠首饰，一方面是受欧美流行的"中国热"影响，另一方面则是源于对中国文化的感情。他们对"土气"与"老气"的饰物不感兴趣，追求的是时尚而有动感的风格。他们一般不喜欢太深颜色的和无色的翡翠，看重的是翡翠的装饰作用，重视与服装的搭配效果。受经济能力所限，他们愿意消费价钱不高、装饰性强的翡翠首饰，而且爱将翡翠和常见的彩色宝石搭配，或将不同颜色的翡翠组合，喜欢中西合璧的款式。

在当今世界经济一体化的浪潮中，我们已经意识到大力发展经济是民族强大、国家昌盛的必由之路，但是容易被忽略的是，我们很多优秀的传统文化在这一浪潮中不断流失。比如说，当今社会生活中，年轻人定情、婚恋中常以钻石表达忠贞的爱情，不难看出，在短短的数十年中，钻石文化何等迅速地占据了珠宝市场和人们的头脑。

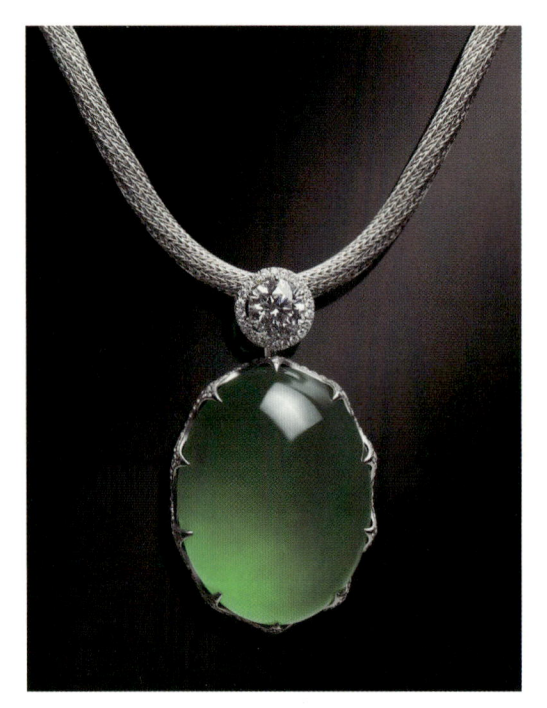

❖ 翡翠挂件

我们主张的并不是闭关自守、摒弃一切外来文化，而是要在不断吸取外来文化丰富我们的文化生活的同时，继承、弘扬和发展自身优秀的民族文化。早在20世纪80年代，文化转型就已成为焦点话题。经济发展带来文化转型问题，而在文化转型过程中如何保护和继承优秀的传统文化是一个历史难题。在首饰文化中，玉文化同样面临这一难题。值得欣慰的是，玉文化中的这支新秀——翡翠文化的发展让我们看到再次腾飞的曙光。我们在和其他社会文明交流的过程中，秉承中华民族优秀的传统文化；科技的不断进步又为翡翠的研究提供了先进的手段和条件，为翡翠饰物的市场、文化的稳定发展打下了坚实的基础。

　　翡翠饰物作为一类文化的载体，如今已经成为中国传统玉文化的一位代表，令世人瞩目。在伴随经济发展的文化变迁中，翡翠文化一方面继承了中华数千年玉文化的精髓，一方面顺应时代，不断寻求发展，成功地实现了玉文化的时代变迁和转型。翡翠饰物在今后的发展中，更要不断吸取和继承、弘扬翡翠文化，从设计到加工力争特色化、个性化，在全球文化多样性环境下以极强的生命力活跃于世界文化领域。

（本文发表于《收藏界》2010年第11期）

样式各异的翡翠设计

鸡血石——大自然的瑰宝

鸡血石的分布

鸡血石是中国特有的珍贵宝玉石，具有鲜红艳丽、晶莹剔透的天生丽质。鸡血石是辰砂条带的地开石，其颜色比朱砂还鲜红。"鸡血"的成分是硫化汞，其渗透到高岭石或地开石中而形成鸡血玉，在世界上极为罕见。因其颜色鲜红极似鸡血，所以被人们俗称鸡血石。我国最早发现的鸡血石是浙江昌化玉岩山鸡血石，后来又发现了内蒙古赤峰市巴林右旗的巴林鸡血石，20世纪90年代又在陕西、甘肃、四川、湖南、云南、桂林等地发现了鸡血石。

昌化鸡血石产于浙江省临安市昌化北区西北面的玉岩山一带，主矿区在海拔1230米的玉岩山北坡，离昌化镇50多千米。矿区山峰自西南向东北，依次主要有鸡冠岩、灰石岭、蚱蜢脚背、康山岭、玉岩山、核桃岭、纤岭等，海拔大都在1000米以上。鸡血石有老坑、新坑之别。老坑者颜色鲜明，质地清润，多半透明。因产于玉岩山主峰附近地带，水头较足，也称"水坑"。老坑鸡血石以血色鲜浓、质地细润著称，又分为羊脂冻和牛角冻等。新坑大多不鲜艳，尽管也有半透明的，但美感不及老坑。因含杂质较多，透明度差，水头不足，新坑也称"旱坑"。老坑开采早，已有近千年的历史，曾出产过不少珍品鸡血石。如今老坑资源已近枯竭，市场上所见的鸡血石多为新坑所产。

巴林鸡血石出产于内蒙古赤峰市的巴林右旗，学名叫叶腊石。民国初年，矿物学家张守范命名巴林石为"林西石"。1978年，轻工部把叶腊石矿列为中国三大彩石基地之一，将叶腊石命名为巴林石，并拨款资助开采。经专家评定，巴林石的成分、色泽堪比我国传统雕刻原料寿山石、青田石，更在韩国、日本、印度尼西亚的叶腊石之上，可与宝石、玛瑙相媲美。

桂林鸡血玉是鸡血石中的新秀，近年来频频在国家级赏石大赛中获得金奖。桂林鸡血玉原名桂林鸡血红碧玉、三江石，是横跨桂林龙胜各族自治县和柳州三江侗族自治县的浔江水系出产的奇石。

鸡血石的成分

鸡血石含有辰砂（朱砂）、石英、方解石、辉锑矿、地开石、高岭石、白云石等矿物，且大部分含硫化汞等硫化物和硅酸盐矿物。产地不同，质地成分也不同，但都离不开硫化汞成分。

昌化鸡血石由辰砂与地开石、叶腊石、高岭石等矿物经过亿万年的地质变化而形成。昌化鸡血石由"地"和"血"两部分组成，红色的部分称为"血"，红色以外的部分称为"地"。辰砂是"血"的主要成分，"血"的色彩明暗与辰砂的多少及结晶颗粒大小有关：如辰砂含量大于20%，结晶程度高，"血"的颜色就发暗；若辰砂含量为10%，结晶粒度小于0.05毫米，则"血"色鲜红。"地"的矿物成分以黏土矿物中的地开石为主，也含有一定量的高岭石、明矾石、埃洛石、石英、黄铁矿等。

巴林石的主要矿物成分为高岭石、地开石、伊利水云母等，次要矿物成分为铁、钛、锌、锰等。由于所含矿物成分不一样，巴林石形成了不同的类型。如含辰砂者为鸡血石；地开石含量高而高岭石含量低者，透明度较好，为冻石；高岭石含量高，透明度不好，则称为彩石。由于巴林石中所含矿物成分不一样、矿物含量不一样、矿物分布状况不同，则可形成各种类型、各种花纹图案的巴林石。这就使巴林石成为一种色彩缤纷、千恣百态的珍贵观赏石和工艺石。由于鸡血石中的辰砂具有挥发性，长期暴露于空气中的"鸡血"会变黑，因此在收藏保存时，要在石表面进行特殊保护处理，隔断与空气的接触，以保持"鸡血"鲜红美丽的色彩。

据观赏石研究专家、广西观赏石协会会长张士中先生考证，"桂林鸡血红碧玉"（桂林鸡血玉）的原岩，是广西古老的变质岩系，有硅质岩、碧玉岩、含铁石英岩、脉石英、辉绿岩等。硅质岩、碧玉岩的结构致密，使石体坚韧，不容易风化破碎，非常符合收藏奇石的硬度标准。桂林鸡血玉的岩石特征为块状、条带状、条纹状、斑杂状构造，结构主要是隐晶质结构及显微晶质结构，因此十分细腻，抛光性能十分良好。桂林鸡血玉的物理性能和化学性质都较稳定，硬度高而性韧，抗腐蚀性强，故对使用、玩赏、保养和收藏的技术要求并不高，只要不摔、不敲、不火烧，就总可保持完好无损且可世代传承，永葆"鸡血玉"之魅力！

鸡血石升值劲猛

昌化鸡血石的开采利用始于元代，距今已有一千多年历史。明清时期，昌化鸡血石已得到了广泛利用。明代，昌化鸡血石工艺品已成为皇宫的珍藏品。清代，皇帝选鸡血石作为玉玺之料。清乾隆年间所修的《浙江通志》记载，"昌化县产图章石，红点若朱砂，亦有青紫如玳瑁，良可爱玩，近则罕得矣"，由此可见当时昌化鸡血石在民间的流行与影响。从清代起，鸡血石便成了皇宫、王府的贵重藏品，并且朝廷四品以上的官员才准拥有。

中央档案馆收藏着两方珍贵的印章，印面分别刻有"毛泽东"、"润之"阴文字样，这就是毛泽东使用过的昌化鸡血石印章。1972年中日建交，周恩来总理精心挑选了一对"大红袍"鸡血石赠送给前来访问的日本首相田中角荣，立刻引发了一场鸡血石收藏热潮。其余波所及，又在香港、台湾和东南亚地区引起巨大反响。

1999年，昌化出产了一种极其罕见的鸡血石——鸡血石和田黄石生在一起的原石，被藏界尊称为"帝后合一"。此类原石近十年来共发现千余块，是目前鸡血石中最为罕见的品种之一。如收藏家夏增昆藏有一块比较普通的"帝后合一"原石，2006年由胡建康大师雕刻出作品《帝后合一》，作品2008年在央视《鉴宝》栏目被专家估价80万元。

在2007年11月的第八届中国西部国际博览会"中国工艺美术大师作品展"上，鸡血石大屏《桃园结义》被一神秘上海买家以9100万元天价买走。《桃园结义》把东汉末年刘备、关羽、张飞桃园结义的故事再现于一块高2.4米、宽3.8米、重达2吨的鸡血石大屏上。据其作者——鸡血石雕刻大师钱高潮介绍，该鸡血石大屏为中国鸡血石屏之最。该作品是他带领团队选用稀有鸡血石，花了整整六年时间创作而成的。

由于资源的匮乏及不可再生性，昌化鸡血石的价格总体呈上升趋势，现在的价格与20世纪90年代初相比已上涨了十几倍。一方优质的昌化鸡血石章更是极不易得，每方石价高达数万元至数十万元或者更高。鸡血石价格的攀升在拍卖市场上也体现得十分明显。2003年5月北京翰海拍卖会上，一件清代鸡血石方章成交价仅为8000元。到了2005年12月，品质相当的一件清代鸡血石方章价格迅速涨到12万元。2007年12月，北京翰海秋季拍卖会举办了"日精月华——国石艺术"专场拍卖，一块由国家级雕刻大师牛克思所雕的昌化鸡血石雕楼阁山子更是以1344万元人民币成交，创下了当时中国当代工艺品的最高价格纪录。

2007年12月底，温州东方工艺美术城开业，一块号称"全国第一"的鸡血石成了开张时的一大亮点，吸引了众多收藏爱好者的眼球。这块鸡血石名为"巴林鸡血王'刘关张'"（高约45厘米，宽约35厘米，厚约25厘米，重41.5千克），由浙江藏一楼收藏。该鸡血石近年来在济南、广州、杭州等地的博物馆等场所多次展示，被誉为鸡血石中的"鸡血王"，身价也从一开始的3000万元飙升到2亿元。整块石头底子为"软地"，剥落石皮后便现出大面积的"牛角冻"、"玻璃冻"、"藕粉冻"，其中大面积条形团块状的"鸡血"色泽鲜艳浓郁。

收藏家夏增昆分析认为，鸡血石深受人们喜爱，原因有几个：首先，鸡血石的颜色红艳如鸡血，民间一直有用鸡血驱鬼避邪的说法；其次，鸡血石红艳似火，有象征红红火火之意；最后也是最主要的原因是鸡血石产量现在越来越少，精品更是十分难得。由于鸡血石矿中含有汞，国家曾经大规模采矿炼汞，现在剩余的鸡血石储量就很少，因此价格自然急剧上升。

鸡血石价值高低比拼

鸡血石价格高低主要考虑颜色、血量和硬度。颜色是第一位的，因为鸡血石尊鲜红者为贵。品评鸡血石，首先是看"血"的红色，以其鲜、凝、厚为佳。鲜者红如淋漓之鲜血，凝者聚而不散，厚者指有厚度、有层次，渗透于石层中。颜色越鲜红越艳丽就越受追捧，朱红次之，暗红最差。其次，看血量。鸡血石讲究血量不仅要多，而且要分布集中。一般一块石头含70%的血量即被认为上品，70%~80%之间的被誉为"大红袍"，80%以上的为极品鸡血石。连续片状分布的血就比较贵，线状血次之，散点血更次。最后看硬度。由于鸡血石绝大多数是用来篆刻作印章使用的，因此硬度很重要。同等条件下，硬度越低的越利于篆刻，而且石质更细腻温润，价格自然就高。

昌化、巴林两地的鸡血石虽然在成分和结构上相近，可品质上则不尽等同。"南血北地"，各有千秋，这是行家对昌化鸡血石和巴林鸡血石进行比较后得出的结论。所谓"南血"，指昌化鸡血石颜色鲜艳、纯正。昌化鸡血石血色浓重，辰砂含量可达70%以上；而巴林鸡血石则血色稀薄，缺乏立体感。所谓"北地"，指巴林鸡血石的质地一般为巴林石，细腻温润，易于雕刻，基本上没有洋灰地、砂、钉等，优于昌化石。总之，真正能登上鸡血石王位的也只有昌化石，如"冻地鲜血大红袍"等。

昌化鸡血石分冻地、软地、刚地、硬地四大类，50余个品种，绚丽多姿，各具特色，尤以冻石为最佳，是制作印章的上品。昌化鸡血石石质坚硬，有半透明、微透明之分，有红、白、黄、灰、紫、黑六种颜色，其中以颜色红似鸡血、呈条状、血滴状和血斑分布状的鸡血石最为著名。鸡血石中首推上品的要数"全红鸡血"，它质地细腻微松，色白如素玉，通体密布血斑点，白底红心，十分鲜艳夺目。由于血斑绵密，仅微露白底，遂誉称"全红鸡血"。其次为"六面红鸡血"，此石偶含灰黑肌理，间又隐小晶块，质坚细带微脆；鸡血红斑呈极细微点状，聚散不一，千姿百态，极为娇艳妩媚；且石之六面，血色皆浓密，诚属难得精品。

巴林鸡血石几乎都是硬度偏软的。初玩鸡血石的人会比较喜欢巴林鸡血石，因为巴林鸡血石一看就要比昌化鸡血石透亮温润且显得更红。因此，同样尺寸的低端巴林鸡血石要比昌化鸡血石贵儿倍。但由于巴林石颜色不稳定，随着时间的推移会逐渐褪色，原来鲜红的颜色会变淡变黑，因此高端收藏者一般不会选择巴林鸡血石。相比之下，昌化鸡血石就比较稳定。在高端的鸡血石领域，昌化鸡血石价格就远远高于巴林鸡血石。巴林鸡血石里最好的是"鸡血王"，"地"很黑，"血"十分鲜红。

（本文发表于《收藏界》2009年第6期）

来自缅甸的「琳」——树化玉

地壳运动留下的"珍奇"

琳石,民间俗称树化玉。树化玉诞生于距今约三亿五千万年前的古生代石炭纪,由树木演变而成。其形似树,其质如玉,是不可多得的收藏珍品。

当时横断山脉地区森林繁茂,欧亚板块与印度板块撞击,将远古森林深埋地下,在地质条件的作用下,树木中的有机质逐步为硅、钙、铁等元素所替代,经过几亿年的石化过程,硅化为色彩斑斓,似木非木、似石非石、似玉非玉的树化玉。我国称之为树化玉、树化石、木化石、硅化木、硅化玉等。树化玉的形成需要苛刻的地质条件和良好的后期保存环境,这也是其珍贵和稀少的原因。

树化玉的硬度最高达摩氏7.4度,密度$2.2\sim2.8g/cm^3$。其主要矿物成分为蛋白石及玉髓。原石保持了树木大部分的外形、皮痕、树结、年轮及虫洞等生物特征,而经过初步洗磨后,则呈现出迥异于木质的玉质感,观之有琉璃光泽,抚之则温润腻手,给人创造了一个心悟神游的天地。

树化玉以特殊的质地展示了玉石的富贵,同时美丽的年轮和沧桑的树皮记录,提供着那个久远年代的若干信息,有很高的经济价值、观赏价值和科考价值。由于缅甸的树化玉资源已不多,所以还具有很高的收藏价值。

树化玉的分类

树化玉按材料可分为白料、绿料、虫料、脆料、干料、水冲料等六大类；色彩丰富，常见白、黄、红、黑、紫等。其中最稀有的是蓝色树化玉，其次是种水料鸡血石树化玉，然后才是绿料。虫料则为树化玉的价值锦上添花。

白料质地较晶莹通透，硬度高，种水饱满。从质地上讲，白料里集中了树化玉中最精华的部分。白料矿物纯净度高，粒度均匀，组成单一，树种以水杉、银杏等为主，后期浸染作用微弱。

绿料是有一种绿色或者部分绿色的树化玉，其矿物纯净度高，粒度均匀，组成单一，其硬度和密度等和翡翠很相近。其质地特别通透细腻，种水饱满滋润，色彩碧绿璀璨，光亮如冰。

蓝水树化玉（蓝墨色树化玉）是蓝色水冲树化玉，在树化玉群体中罕有出现。蓝

树化玉绿料 　　　树化玉蓝料 　　　树化玉虫料

水树化玉其实由原始藻类致色，即蓝藻致色。树化玉中蓝藻簇状分布，如同冬天窗户上的冰花，细碎的小叶呈六角枝杈状展布在树化玉表面。蓝水树化玉正面为一条条蓝墨色线条，线条近似于平行状态；侧面为面状分布，大量的蓝藻一簇簇盛开在透明的树化玉表层之下。部分蓝水树化玉显现出蓝墨色加微黄色的特点。

树化玉虫料是一种动植物共生的化石类型。原始古木中的蛀虫随同树木一起被掩埋，随树木一同硅化，而后一同玉化。没有骨骼的动物，在埋藏时大部分被腐蚀，只有极少数的被玉化，能够被完美封存数亿年实在是个奇迹。树化玉中的船蛆有多种形式，钙化、硅化、硫铁矿化，以及高岭土充填。缅甸树化玉虫料以硅化和高岭土充填的为主。虫子树化玉的价值与虫子的大小、透明度、完整度有关，还与树化玉本身的质地、色泽有关。纯硅化的树化玉虫子的主要成分为蛋白石，晶莹剔透，一定程度上保留了虫体的框架，这类虫子树化玉具有很高的鉴赏价值。高岭土充填的树化玉虫子，杂有大量的三氧化二铝，不透明，模糊混浊，价值较低。树化玉中，虫体的直径

❀ 黄色树化玉 　　　❀ 树化玉红料 　　　❀ 鸡血红树化玉

❖ 全抛光加工缅甸树化玉　　　　❖ 龙啸九天

一般为0.5~4cm，长度为5~50cm；颜色为白色到浅红褐色。树化玉本身就是化石，虫子树化玉具有双重化石的身份，这一类树化玉的价值远远高于单纯的树化玉。

脆料，质地较细腻，种水饱满，而且年轮清晰，树木纤维逼真，树木纹理很漂亮，颜色通常为黄色、红色、白色等。这种树化玉的玉化程度不高，加工和运输时都要很小心，否则就会断。脆料现已不常见，因为没人要，人们也就不从缅甸运进来了。

种水料就像玉石，需要精雕细琢才能体现出其玉质的精美。所谓干料，是指外表看没什么种水，以造型取胜的树化玉。干料表皮一般以黄、白、灰色为主，树心以红、黑、褚、灰为主，其中以表皮和树心红色者为贵，越红品位越高。干料密度高，韧性足，通透度和种水比白料稍逊一些。

水冲料长期处于地面，经过水、泥沙或冰块长年累月的冲刷撞击，松软的表层被除去，表面会形成一层薄薄的、光滑如镜的包浆。水冲料基本上是没一点种水的，形状也不好，批发市场上比较难见。

按加工方法，树化玉可以分成三类：第一类是树化玉原石，即没经过任何人工加工过的树化玉；第二类是经过剥皮打磨抛光的树化玉；第三类是喷砂加工的树化玉。在过去，打磨抛光树化玉时，由于加工工具的局限性，会完全改变树化玉的自然形状。近几年来，人们想出了用高气压喷射金刚砂到树化玉表面，把表面的树皮、杂质喷掉，留下其中的玉化层。这样就使树化玉既能保持原始的自然形状，又能显露出树化玉内部玉化的精美。不过，由于目前喷砂工艺的限制，这种方法加工出来的树化玉要喷上水或蜡水才能达到打磨抛光料的光洁度。

树化玉产地及买卖

树化玉是一种不可再生资源，因此现在国内不允许开采，中国市场上的树化玉主要是从缅甸进口的。缅甸是目前世界上树化石、树化玉出土最多的国家，在仰光附近及蒲甘地区，甚至在路边都可以捡到树化玉。树化玉的出土地，目前已知的有：曼德勒省、实皆省和马圭省，尤以曼德勒省的那吐机县和马蓝县出土的树化玉最多、品质最好。

树化玉产地的缅民一般拿一根直径大约1厘米的钢筋，在沙滩上边浇水边一下一下地往下插着探寻。在一定深度以内，只要插到硬物便是找到了树化玉，因为树化玉产地很少有其他的石头。找到了目标，就往下挖。一般先挖一块方坑，待找到树化玉后，确定树化玉的大小走势，再决定是沿着树化玉的走势横挖，还是根据树化玉的走势在离原方坑两三米的地方再挖一个坑。因为有些长的树化玉需连挖五六个方坑，才能将它的形体完整地裸露出来。

在树化玉产地，缅民在挖到树化玉后通常不忙着往上提，仍将其留在坑洞里，然后和前来收购的商人侃价。缅甸的赌玉风俗在树化玉产地也表现得淋漓尽致，显得刺激有趣。当挖到较大的树化玉时，缅民仍把它半掩半露地放在坑洞里，供收购商们检查、甄别，同时进行砍价。有经验的收购商和缅民能一眼看出这堆树化玉大概有多少重。双方一旦敲定价格，缅民再将树化玉从坑洞里取出，一手交钱，一手交货，是亏是赚，绝不反悔。

　　在树化玉产地，树化玉的形体越大，赌性也就越大。一根看上去非常完美的树化玉，挖出来后可能是几段种水很差的干石，这时商人就无钱可赚，甚至会赔本。更悲惨的是如果挖到一段散成一堆的树化玉，就不仅血本无归，连开支和吊装费也得赔进去。一夜暴富的当然也有。曾有根树化玉，在坑底约有18米长，表面看颇为壮观，要价350万缅币，当时折合人民币约25000元。由于物主要价太高，树化玉在坑底摆了一个多月无人敢买，最后被八个缅民合伙买下，提上坑来就立即被采购商以双倍的价格买走。这位采购商将其运到树化玉市场，把它以近40万人民币的价格卖给批发商。谁猜得出这个批发商又能卖出什么天价。

　　有的缅民不愿意在树化玉产地现场交易，就把挖出的树化玉全部搬回自己住的院子里，供采购商前来挑选。这需要有一定的经济实力和几分冒险精神。树化玉产地较有实力的缅民，利用他们得天独厚的条件，已逐渐倾向于先把毛料采购下来集中在一起，然后再统一出售。现在在采石现场已越来越难直接采购到毛料了。

　　在缅甸，树化玉的出口其实是走私行为，缅甸政府明令禁止树化玉出口。我国商人很少直接去缅甸进货，一般都在国内采购。

树化玉的品质与行情

　　树化玉是一种新兴的观赏奇石，市场价格高低不一。一般说来，树化玉的价格由树化玉的种类（白料、干料、脆料、绿料、红料）、种水（玉化程度）、颜色、图纹、造型、大小、重量、奇特点（即卖点，比如带虫体、虫洞、树疙瘩、年轮、孔洞）以及进货成本等多项因素决定，石友可根据自己的喜好进行选购。

　　缅甸政府不容许树化玉毛料出口，长期从事毛料营生的缅甸人偷偷地靠关系打通一个个关口，才能把货运到中国，这样的运费10~12元/千克。所以，就算是最差的毛料价格最低不会少于12元/千克。干料的毛料目前行情是30~60元/千克，个别形状特好的或红料要70元/千克以上。种水料价格一般是35~120元/千克。绿料、蓝料和鸡血红的毛料就更贵了，看品质好差，一般要每千克几百到上千元，特好的每千克要几千元。

一级渠道的成品，批发价格还要加上加工费、加工损失费及店家的利润，一般是毛料价格的1.5~3倍。好料的成品价，甚至是毛料价格的几倍十几倍。零售的价格又要在这个价格基础上加利润。以上的成品价都是10千克以上的，10千克以下的因为加工费高的关系，基本上不按重量计算，而以具体玉石的品质计算。

树化玉的品质一般是通过树木的玉化程度来划分的。行家打开手电，用灯光照射树化玉，如果光可以透过表面达到内部，甚至大半部分都有光的透出，就说明其玉化程度高。相反，如果没有光透出，就说明玉化程度低，这样的树化玉用行话叫作"干货"。很多人因为资金有限就进些"干货"，但是干货的收藏价值太低，而且开始看着光鲜，但是随着时间的流逝，颜色也会变得污浊起来。

有专家担忧，过了三五年之后，恐怕在缅甸也很难再找到树化玉了，再加上缅甸政府对树化玉出口的严厉禁止，因此树化玉的价格可能会一年比一年贵。

（本文发表于《收藏界》2008年第11期）

脱颖而出的大化彩玉石

近年来，赏石文化交流日趋活跃，新石种不断涌现，大化石就是其中的一种。大化石是大化彩玉石的简称，发现于1997年，因产在广西柳州大化瑶族自治县而得名，是近年来交易最为活跃的石种之一。大化石色彩斑斓绚丽，质地坚硬强韧，石肤滋润如玉，极受藏者青睐。

大化石的形成

大化石为水冲石，也叫岩滩石，在漫长的地质年代中，经红水河长期的冲刷、搬运、侵蚀而成。它的特点是颜色丰富，石表光滑细腻，玉化程度高。

红水河是西江水系的一段主要干流，从南盘江、北盘江汇合处的双江口始称红水河，流经广西的天峨、大化瑶族自治县、合山市、来宾市等地区，在广西的柳江口与柳江汇合之后，便称为黔江了。红水河全长659千米，流经的地区多为红土高原，水呈红褐色，故名红水河。红水河除出产大化石外，还有彩陶石、天峨石、来宾石等，统称为红水河石。

大化石产于大化瑶族自治县岩滩镇一带数千米的河段，生成于古生代二叠纪2.6亿年前，属海洋沉积硅质岩。石质结构缜密，摩氏硬度约5~7度。大化一带矿物丰富，再加亚热带季风气候，高温多雨，河流水量充沛，这些矿物溶于水中，长期与大化石产生化学反应，并浸入其表皮，从而使大化石产生多种多样的颜色。

❀ 步步高

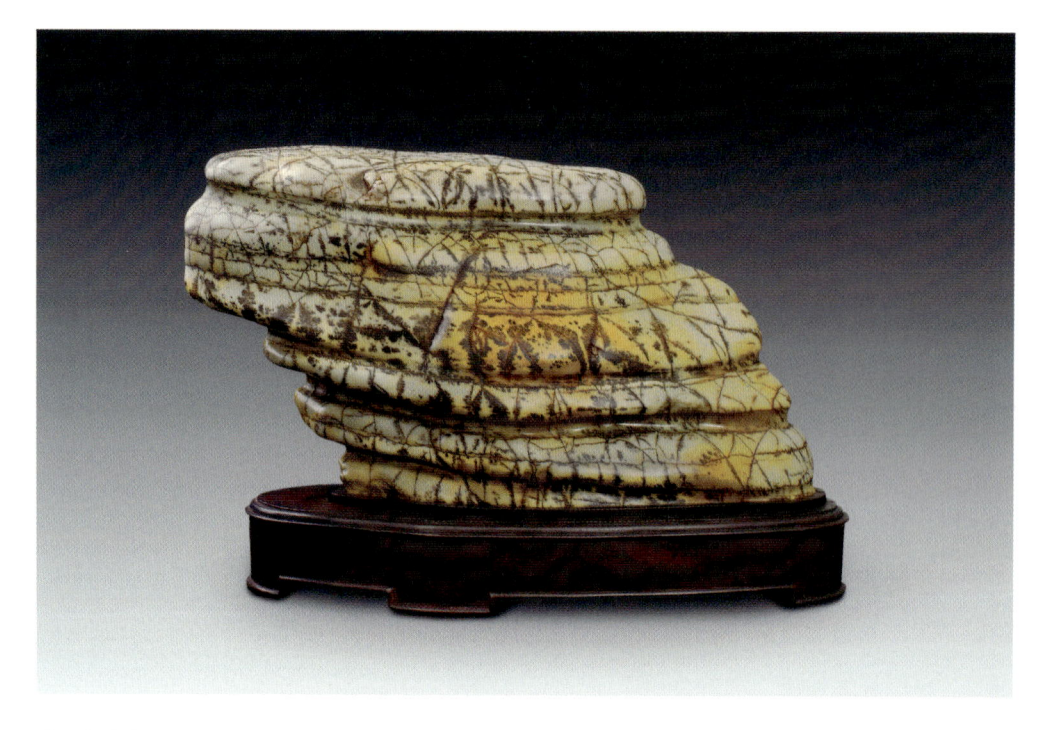

获奖新秀

大化彩玉石自1997年开发至今,备受追捧。在1999年首届"柳州国际奇石节奇石展"评奖中,柳州艾钢的大化石《山峦叠彩》夺得桂冠,朱德平的《蓬莱仙境》获得银奖。

2001年在武汉举办的第五届"全国观赏石展览"中,柳州参展的大化石有2件获金奖,6件获银奖,14件获铜奖。

2006年,著名作家贾平凹主编的《中国百石欣赏》出版,轰动中国赏石界,有15件广西大化石入选。同年在广东顺德陈村举办的"国际花卉盆景奇石展"中,有15件奇石作品获金奖,其中3件是广西大化石。

2007年中央电视台来到大化县红水河边拍摄"走进中国观赏石"专题片。该专题片由中国观赏石协会和央视国际频道摄制组联合摄制,属于"走进2008文化奥运"系

❖ 思想家

❖ 沉思

— 115 —

❀ 官帽山

修养成佛

列专题片之一。该专题片只拍摄三个专题四个石种,而大化石就占了一半。2007年国庆期间,"中国观赏石博览会·2007走进奥运北京邀请展"在北京隆重召开。在此次大赛中,广西区选送参赛的大化石成为整个大赛获奖率最高的石种,共获得5金、14银、8铜。

有权威人士说,如果哪一个石展没有大化石、红水河石参赛,这个石展的档次就降低了许多。这话不一定准确,但大化石成为赏石新宠,已是不争的事实。

价格扶摇直上

最近几年,大化石的价格每年都在翻番。在柳州,大化石的成交价大多在几千元到数万元。而在全国，花几百万元购买一块大化石时有所闻。如2003年，柳州玩石大家高津龙在产地看到一块形似龙的大化石，名为"烛龙"，便以228万元的高价买下。时隔三年，2006年6月22日，又一块大化石以230万元的高价在柳州成交，价格再创新高。一般来说，体量大的大化石要贵些，但一些小的精品价格也不菲。在大化石产地岩滩镇和红水河各类奇石的销售集散地柳州，稍微看得上眼的大化石开价都在万元以上，品相好的甚至要几十万数百万元。随着挖掘范围的不断扩大、资源的逐渐减少，大化石的价格还会继续上涨。

大化石的鉴赏

鉴赏大化石，以其玉化的质地与丰富的色彩为主要依据，而对其天然造型的要求可退居次要地位。大化石的天然形态取决于岩石层理，以及在江河中所受的侵蚀和冲

鱼游未尽

刷程度，造型多为层状结构，或嵩岳云岗，或璋台危岩，虽千姿百态，但难觅具体形象，尤其以人物、山形更为稀贵。

大化石色彩丰富，有大红大紫的，有纯黑纯白的，有又蓝又绿的，有金黄赤橙的；更有一石数色，或双面阴阳，或相间镶嵌，多姿多彩。大化石的多色多彩，与其所处的特殊的地质、地理环境和气候条件密不可分。

有赏石名家认为：大化石的出现和走入市场，对传统赏石理念形成了很大冲击。目前，赏石界里欣赏或收藏大化石有偏向大石的倾向。按理说，奇石之精美不在于其体积的大小，大石小石各有千秋。然而，对于大化石自然生成的特征而言，这类大石具有耐人寻味的博大精深。正是这种气韵生动的奇美，才造就出它震撼人心的艺术意蕴，激发人们追求崇高美的审美理想。因此，不少奇石收藏者倾向于赏玩大石，这也在情理之中。

收藏大化石须谨慎

从刚开始的河边浅滩打捞、散点随意打捞到目前的地毯式搜索，大化石资源已濒临枯竭。随着资源的迅速减少，大约从2002年底就出现了打磨石。许多人故意将平整的大化石打磨出阶层来，然后抛光、涂油。涂油本是保养石头的手段，但在大化石的造假中，却成为不能缺少的一环。造假者经过反复实践，探索出日光暴晒下涂抹凡士林的方法，这样石体不易干枯，色纹持久。

地摊上出售的打磨大化石多来自岩滩附近的县里，那里的石农原来也以收购和出售原石为生。但精品原石价格上涨后，他们便低价购进水冲度不够或破损的石头，初步加工后再行出售。细加工后的大化石"面目娇好"，流向区内各个城市的石市，再进入藏友的家中。但奇石贵在有"石皮"，经过打磨后的大化石，原有的石皮遭到破坏，有眼力的人还是能判断出来。

大化县政府针对开发中出现的各种问题，及时采取措施，明确管理部门；加强对潜水员和开发业主的技术指导和安全培训，凭证开发；并对奇石交易进行规范化管理，逐步使大化石的采掘和开发走上科学化和合理化的道路。从2005年起，大化县

◆ 琳琅斋杂记 ◆

❀ 一马平川

❀ 赤壁火焰

❖ 无题

❖ 石来运转

◆ 琳琅斋杂记 ◆

❀ 神采飞扬

❀ 古坛

− 122 −

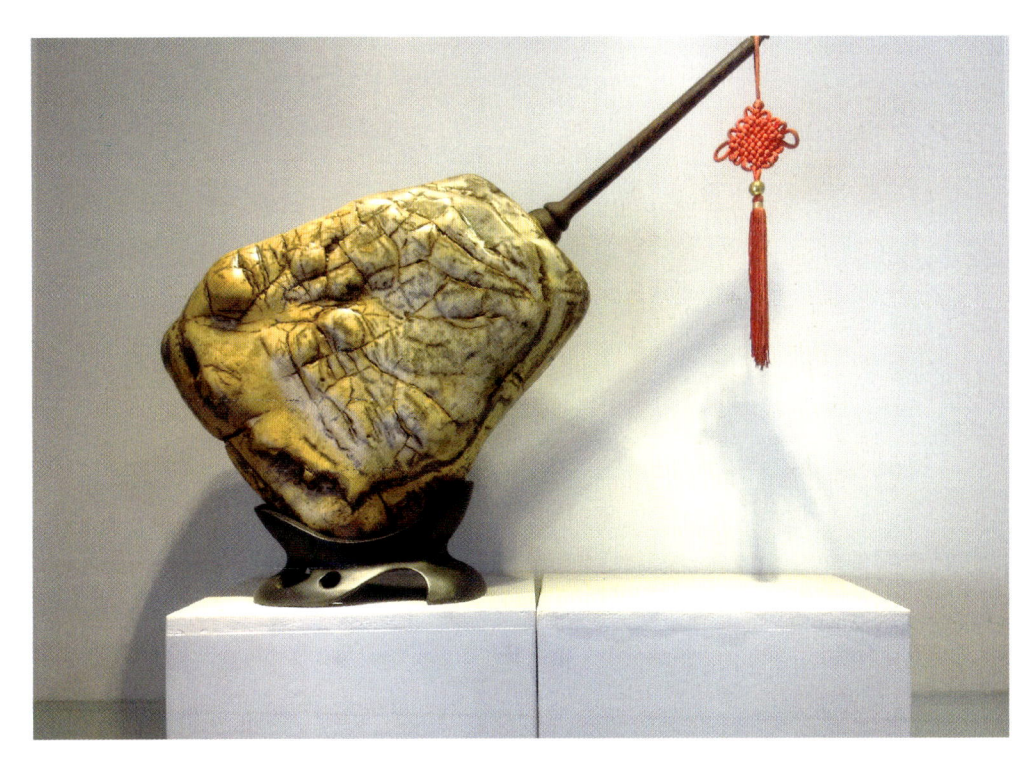

宫女扇（皇妃扇）

委、县政府决定把大化石打造成大化的著名品牌，真正把大化石当作文化产业列入政府的议事日程，支持民营企业家建大化石珍宝博物馆，批准成立县级观赏石协会。目前，大化县已向中国赏石协会申报"中国观赏石之乡"。为做大做强奇石文化产业，打响奇石名片，该县对产业开发进行整体规划，对已有的典型奇石进行记录，进行收藏和保护；逐步确立有特色的观赏石评价体系和指导规范，并着手筹建奇石交易市场；创造机会举办大型的交易会、大型展会、奇石艺术节等，为大化观赏石提供展示窗口，带动大化石的国际化。

（本文发表于《中国宝石》2008年第1期）

桂林鸡血玉甲天下

桂林鸡血玉产于广西桂北地区的龙胜、三江和资源境内，石质地坚硬，光滑细腻，图纹清晰，有的鲜红如血，光彩照人。桂林鸡血玉极讲究自然美，一般不做人工雕凿，具有很高的玩赏和收藏价值。

为桂林鸡血玉正名

桂林鸡血玉曾用名三江石、桂林红彩玉、桂林鸡血红碧玉、龙胜玉等，民间俗称桂林红彩（卵）石。1991年秋冬季节，柳州及融安县玩石者在三江东部古宜河上游首次发现此类石，并于1992年7月在柳州市柳侯公园"品石斋——第三届石玩艺术评比展销会"上首次向石玩界展示，因而被民间称为"三江石"。

但"三江石"的定位并不准，存在对主产地的"误导"之嫌。早有行家指出，"三江石"的称呼是不全面的，容易被误解为柳州三江侗族自治县产的石头。其实，"三江石"是指横跨桂林龙胜各族自治县和柳州三江侗族自治县的浔江水系的奇石，最上游在桂林资源县，以龙胜和三江地段产奇石最多最丰富。但很多"三江石"并不是柳州三江出产的，而是桂林龙胜境内的石头。因此龙胜当地村民对将浔江石称为"三江石"十分不满，自豪地说："我们这里的石头比三江的更好！"其次，"三江石"对该石种（玉种）的优质特色定位不准。该石石质坚韧而细润，石色艳丽具光泽，雕琢加工性能优者即可称玉。其原生母岩为红色碧玉岩、红色含铁碧玉岩及红色碧玉化石英岩，似乎称"桂林红彩玉"更能体现其文化、艺术内涵，

🔸 金蟾
长55cm，宽40cm，高30cm

🔸 观音山
长50cm，宽10cm，高40cm

并能提高其观赏、收藏价值。

2005年，地质专家张家志指出，这是海底火山喷发出来的熔岩形成的碧玉岩，并第一次写了"桂林鸡血红碧玉"的鉴评意见。他的提法被广泛引用，从此"桂林鸡血红碧玉"的称呼就在圈里叫开了。

桂林原地委书记唐正安是"桂林鸡血玉"的开拓者、推广者。在他的推动下，"桂林鸡血玉"正式定名。这五个字的称谓，准确地概括了其产地、色质、成分、特性四个要素，而且这既是对该石种收藏价值的提升，也是还原该石种（玉种）本来面目的必要之举。中国收藏家协会会长闫振堂先生题写了"桂林鸡血玉"，使桂林鸡血玉在国内观赏石收藏界的地位有了进一步的提高。

大自然鬼斧神工的杰作

奇石是一门古老的艺术，是大自然鬼斧神工之杰作。大凡奇石，自然不同于一般石块，往往有着独特的形成过程，才能以现在的形、质、色、纹呈现在我们面前。

地质资料显示，距今8亿~10亿年前，龙胜县境的三门至蔚青岭（花坪）一带为海底火山强烈活动的中出地带。海底火山喷发物的沉积，形成了一些特殊的碧玉化石英岩、碧玉化含铁石英岩及碧玉岩等色彩丰富的岩石。这就是后来形成鸡血玉的原生岩石，因此龙胜县三门一带便成为鸡血玉发源地。

奇石大多数是沿河道溪流形成，数百万年间顺着河道自上而下，经水流、泥沙的反复冲刷、侵蚀而成。桂林鸡血玉就与高山、溪流、河道有着密不可分的关系。

桂林鸡血玉独具魅力

我们知道，灵璧石质坚、形奇、色黝、音美，素有"天下第一石"的美誉；大化石质玉、色艳；来宾石石坚、色深；合山彩陶石质釉、亮丽；贵州乌江石光滑、乌黑——不同的石种有不同特点。在众多石种中，桂林鸡血玉自有她无与伦比的魅力。通过对桂林鸡血玉长期的考察把玩，笔者认为桂林鸡血玉有五大特点：

一是石质坚韧。据检测其硬度达到6~7度，和灵璧石、大化石等名石几乎相同。据观赏石研究专家、广西观赏石协会会长张士中先生考证，桂林鸡血玉的原岩是广西古老的变质岩系，结构致密，石体坚韧，不容易风化破碎，非常符合收藏奇石的硬度标准。由于桂林鸡血玉质硬密度大，往往一块不起眼的石头抬起来感觉很重很沉，因而市场"造假"可能性较小。

二是色泽绚丽多姿。鸡血玉有红、黑、黄、白、绿、紫等多种颜色，真是争奇斗艳、韵味浓郁。其红色可与鸡血石相媲美，而且比鸡血石更稳定，因为其中氧化铁的含量、配比优于鸡血石，在一般的环境下不会氧化变色。其中，尤以黑底红色的搭配最为高贵。红色是中国文化的基准颜色，是中国人最普遍、最愿意接受的祥瑞之色，代表喜庆与祥和。桂林鸡血玉受到赏石界众人的青睐，与它蕴含的中国传统文化精神密不可分。

三是细腻润滑。桂林鸡血玉的岩石特征为块状、条带状、条纹状、斑杂状构造，主要是隐晶质结构及显微晶质结构，因此十分细腻，抛光性能十分良好。除了结构因素外，还由于浔江以及支流上下游落差大，水流湍急，长年的激流冲刷把河里的石头

❀ 三羊开泰　　　　　　　　　　　　❀ 明月松间照

冲刷得遍体光洁圆滑，非常适合摩挲把玩，这也是人们普遍喜欢桂林鸡血玉的重要原因。

四是性能稳定。桂林鸡血玉物理性能和化学性质都较稳定，硬度高而性韧，抗腐蚀性强。故使用、玩赏、保养和收藏桂林鸡血玉的技术要求并不高，只要不摔、不敲、不火烧，就总是完好无损且可世代传承，永葆"红碧玉"之魅力！

五是造型美观奇特。桂林鸡血玉中有造型奇特的景观石、文字石、人物及动物等象形石，以及斑纹图案浮雕等，造型都相当美观。

桂林鸡血玉珍品赏识

笔者对桂林鸡血玉情有独钟，寻"宝"足迹遍及原产地大河小川，也经常去桂林奇石市场淘"宝"，目前收藏有观赏石百余件。现选几件，与读者共赏。

本人收藏的"三羊开泰"，其中有一只母羊带着小羊羔，往山上赶。母子俩充

❀ 清泉石上流　　　　　　　　　　　　　　❀ 龙抬头

满温情，惟妙惟肖。羊是古代的"祥"字，又通"阳"，古有"三阳（羊）开泰"之说。《易经》云："正月为泰卦，三阳生于下，冬去春来，阴消阳长，吉祥之象也。"故"三阳（羊）开泰"，便成为一年之始的吉祥语。羊在中国素有美誉，从汉字结构上看，祥、善、美都从羊。《春秋繁露》说："羔饮其母必跪，类知礼者，故羊之为言犹祥。"羊，即为美好的义畜形象。羊的形象历来是可爱的、温顺的。羊是人类的忠实朋友，是人类的亲密伙伴。

"明月松间照"和"清泉石上流"此二石构筑成一幅唐朝诗人王维的《山居秋暝》图，令人心旷神怡。雨后秋山，空气是那样明净、湿润和清新，静谧而皎洁的月光洒满松木，清清的泉水从苍岩上淙淙流过。石境清澈透明，玲珑剔透，恰似一泓秋水，其中洋溢着浓郁的生活气息。

龙在中国的文化中具有崇高的地位，是尊贵的象征，寓意幸福健康。古代民间传说，每逢农历二月初二，是天上主管云雨的龙王抬头的日子，此日以后雨水会逐渐增多起来。因此，这天就叫"春龙节"。我国北方广泛流传着"二月二，龙抬头；大仓

◆ 琳琅斋杂记 ◆

❀ 枫桥夜泊

※ 万山红遍、层林尽染

满,小仓流"的民谚。"龙抬头"看起来像九条龙在大地上空飞舞着,翻云布雨,表达了人们对美满生活的向往。

"枫桥夜泊"中,有两株相向的红枫,江面上布满点点渔火,与张继诗"月落乌啼霜满天,江枫渔火对愁眠。姑苏城外寒山寺。夜半钟声到客船"之意境不谋而合。

在瑰丽多姿的秋天,再没有什么比红叶更富有色彩、更具欣赏性了。特别是晚秋百叶凋零,只有枫叶烂漫红艳,把秋山装扮得分外迷人,成为这一时节的一道风景线。在这里,一块奇石便将伟人毛泽东的《沁园春·长沙》"橘子洲头,看万山红遍、层林尽染"展示得淋漓尽致。

(本文发表于《园林》2007年第8期)

琳琅斋藏鸡血玉精粹

鸿运当头

长40cm，宽30cm，高65cm

◆ 琳琅斋杂记 ◆

龙行九天

长70cm，宽30cm，高90cm

❀ 鸿运当头节节高

　　长50cm，宽25cm，高70cm

❀ 朵朵红花赏金蟾

　　长35cm，宽20cm，高50cm

❀ 稳如磐石

长60cm，宽30cm，高60cm

❀ 五福临门

长50cm，宽15cm，高35cm

❀ 乾隆下江南

长130cm，宽100cm，高300cm

❖ 酋长
   长50cm，宽20cm，高50cm

❖ 红彩飞扬
   长90cm，宽40cm，高80cm

❸ 元宝

长45cm，宽25cm，高50cm

◆ 琳琅斋杂记 ◆

❀ 青山绿水
　长80cm，宽50cm，高60cm

❀ 大权在握
　长60cm，宽40cm，高60cm

❀ 飞龙在天

　长45cm，宽20cm，高40cm

❀ 荷塘月色

　长35cm，宽8cm，高20cm

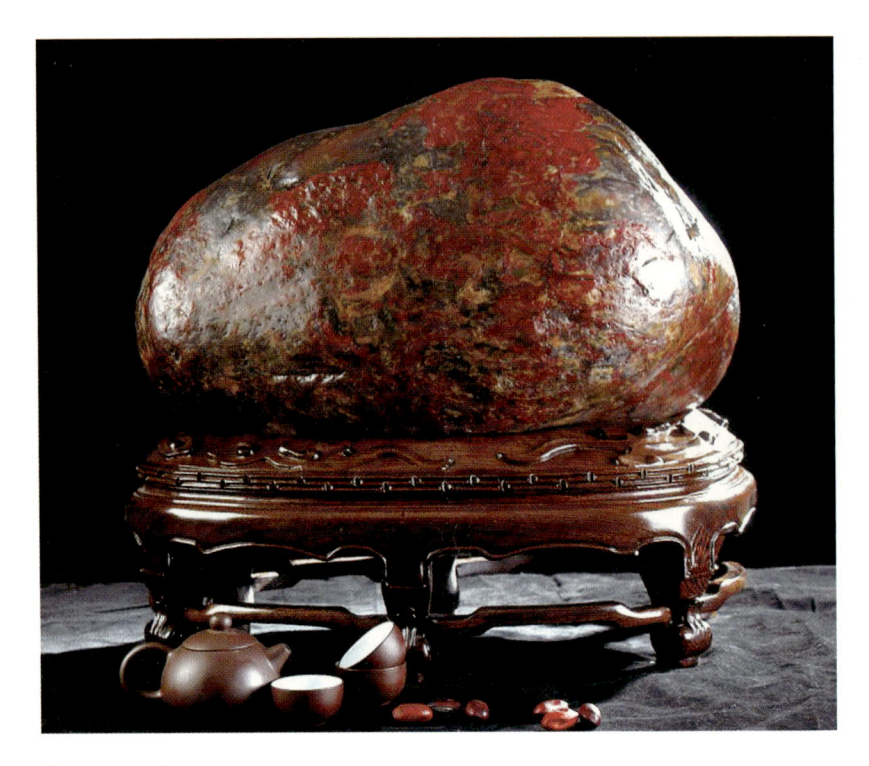

❖ 盘龙卧虎
  长50cm，宽20cm，高40cm

❖ 飞天仙女
  长25cm，宽10cm，高30cm

❀ 战神
  长35cm，宽10cm，高50cm

❀ 神龙见首不见尾
  长35cm，宽15cm，高30cm

◆ 琳琅斋杂记 ◆

❖ 洪福映山峦
　　长40cm，宽25cm，高30cm

❖ 神韵
　　长30cm，宽20cm，高45cm

❀ 福在眼前
　长35cm，宽15cm，高45cm

❀ 富贵鸟
　长30cm，宽25cm，高45cm

◆ 琳琅斋杂记 ◆

❀ 吉祥三宝

❀ 花开富贵

❀ 连生贵子

❀ 佛

❀ 佛

❀ 教子有方

❀ 福在眼前

◆ 琳琅斋杂记 ◆

❀ 五子戏龙杯

❀ 五子献寿

◆ 琳琅斋杂记 ◆

❖ 爵

❖ 人参如意

❀ 中国梦

◆ 琳琅斋杂记 ◆

❀ 福禄寿

❀ 和合二仙　　　　　　　　　　❀ 天地欢喜

◆ 琳琅斋杂记 ◆

❈ 龙凤呈祥